丛书编委会

大家精要

杨 简

李承贵 著

Yang Jian

陕西师范大学出版总社

图书代号 SK16N1046

图书在版编目(CIP)数据

杨简/李承贵著. —西安：陕西师范大学出版总社
有限公司，2017.1（2024.1重印）
（大家精要）
ISBN 978-7-5613-7656-0

Ⅰ.①杨…　Ⅱ.①李…　Ⅲ.①杨简（1141—
1226）—传记　Ⅳ.①B244.99

中国版本图书馆CIP数据核字（2016）第320894号

杨　简　YANG JIAN

李承贵　著

责任编辑　郑若萍
责任校对　陈柳冬雪
特约编辑　石慧敏
封面设计　张潇伊
出版发行　陕西师范大学出版总社
　　　　　（西安市长安南路199号　邮编 710062）
网　　址　http://www.snupg.com
印　　制　永清县晔盛亚胶印有限公司
开　　本　650 mm × 930 mm　1/16
印　　张　10
字　　数　100千
版　　次　2017年1月第1版
印　　次　2024年1月第2次印刷
书　　号　ISBN 978-7-5613-7656-0
定　　价　45.00元

读者购书、书店添货或发现印刷装订问题，请与本公司销售部联系、调换。

电话：（029）85303879　　传真：（029）85307864　85303629

目　录

第 1 章

神奇的悟道之旅

杨简（1141~1226），字敬仲，浙江慈溪人，学者称慈湖先生，南宋著名思想家、哲学家，心学学派代表人物之一。杨简不仅是陆九渊弟子中著述最多者，也是继承、发扬陆九渊心学思想最得力者，更是宋明心学从陆九渊过渡到王阳明的重要桥梁。与此同时，杨简对于儒家经典、儒家思想也有自己独到的解释，在中国儒家思想史上具有重要的地位。

一、心学沐浴求学路

家学

中国古代教育分公学与私学两大部分，家学属于私学的一种。古代的家学，主要有家庭启蒙教育、家庭办学与学术家传三种形式。杨简家学熏陶主要属于"学术家传"类型。

杨简的父亲杨庭显（明发，1106~1188）与大儒陆九渊是至交，陆九渊称杨庭显为"四明士族，躬行有闻者，公家尤盛，相养以道义"。由这句话我们了解到，杨简生活在一个有知识、有文化，而且有一定社会地位的家庭里；其父是一位在当地很有名望，注重修身养性，崇尚儒家道义的君子。

杨庭显对陆九渊之学推崇备至。他做的一件事情让乡里人大为吃惊，那就是将他过去所藏的、不属于心学内容的所有书籍全部烧毁，可见陆九渊心学对他影响之深之大。

杨庭显受心学影响还表现在日常行为上。

有一天晚上，杨家被盗，第二天杨老爷子跟子孙们谈到这件事时竟然说：女仆告诉我家里来了盗贼的时候，我的心平静如水；当盗贼走后，发现被偷走的东西很多、损失惨重的时候，我的心还是平静如水；今天跟你们谈到这件事，我要告诉你们的是，我的心还是平静如水。对于自家财产被盗，居然可以保持这样的心态，其心学修养之高，非一般人所及啊。

又有一次，杨庭显散步到自家的蔬菜园，突然问管理蔬菜园的仆人：如果我家菜蔬在闲暇时被盗贼所偷，你有什么办法防止吗？仆人回答说：最好的办法是分一小部分给盗贼。杨庭显一听，高兴得跳起来，然后对儿子杨简说：这位余姓仆人可以做我的老师啊！

对于偷盗者，一般人都是恨之入骨，杨庭显竟然认同将财物分一部分给偷盗者以解决偷盗现象。这说明杨庭显并不认为偷盗者是天生的恶人，可能是生活贫困所致，所以认同通过发放财物以抑止偷盗的办法。其实这种想法是与心学精神密切关联的。

从心学传承上看，舒广平曾说："吾学南轩发端，象山先生洗涤，老杨先生琢磨。"南轩，即张栻，湖湘学代表人物之一；象山即陆九渊；老杨，即杨庭显。这里说到由张栻而陆九渊以下的心学谱系，杨庭显竟然在列，所以杨简不受心学影响实在是不可能的。

而钱时说过的一句话，将杨简所受其父亲的影响描述得尤为真切："通奉与物最恕，一言之善，樵牧吾师；省过最严，毫发不宥，至于泣下，是杨简过庭之教也。"杨简就是在他父亲的言行举止的熏陶下成长的，实际上就是在心学的熏陶下成长的。

求学

在《慈湖先生年谱》中，关于杨简求学问道情形的记载也极为简单，只有隐隐约约的一点线索。即便如此，我们还是可以从中发现杨简求学问道的某些特点。

八岁的小孩，一般是乳臭未干，稚气未脱，但杨简不一样。他读"小学"时，便老成持重得像个成人，从来不与其他小孩子们玩耍。上课的教室与熙熙攘攘的街道只有一窗之隔，奔跑嬉戏的人群时常是呼啸而过，但杨简却不受干扰，专心学习。就是到了假日，儿童们都开心地到处游玩去了，杨简还是和平常一样，静思冥想，不曾走出教室一步。

成人后，杨简谨守孝道，除了做好家中里里外外的事之外，便是整天侍奉在父母身旁，等到父母熟睡之后，便轻轻起身，挑灯夜读。他致力圣学，写的文章思路清晰、语句流畅、文字俊美、结构完整，而且以发明圣人之学为目的，从不随波逐流，与世俯仰，透出学者的骨气。

二十一岁时，杨简进入太学学习。杨简在太学通常是面壁而坐，凝神思索。每当太阳西下的时候，他便展开纸卷，抄写经书，经由他抄写的经书，从没写错过一个字。下课时，同学们蜂拥而出，杨简从不因为自己年长而抢先。杨简不仅学习认真，为人稳重，而且温文尔雅，极有涵养。

在杨简求学的道路上，沈焕是值得一提的人物。《祭沈叔晦文》中提到，杨简进入太学之前，只知道有"先圣大训"而已；入太学之后，结识了沈焕，通过沈焕才知道有"正论"等其他经论。沈焕还告诉杨简，太学这个地方是天下英才聚集之所，现在国家选拔人才，都从这样的地方开始。杨简从沈焕那里明白了许多道理，便在太学跟随沈焕学习，并与其他同学切磨道义，以言相观善，知识逐渐增多。杨简说这都是沈焕教导的结果。由此可见，沈焕在杨简的求学生涯中的确起到了非常大的作用。

杨简在太学曾与陆九渊的五兄陆九龄相识并切磨道义。陆九龄与其弟陆九渊有着共同的学术旨趣，因而完全可以认为，心学精神经过陆九龄的传播，进一步灌注于杨简心灵中。

如上即是从《慈湖先生年谱》中所获得的关于杨简求学的简要经历。如要作个小结便是：杨简年少早熟，处事持重，对自己要求严格；勤于家务，注重德行修养，谨守孝道；为学兢兢业业，勤学好思，文章俊美，文字简洁，思想独立，不随波逐流。

面授

这里讲的面授，主要是指杨简与陆九渊的会面。杨简的思想或学问与乃师陆九渊关系甚大。

杨简三十二岁时，才得与心学大师陆象山晤面。当时陆九渊刚参加完最高级的考试——殿试。不过，陆九渊的殿试并没考好，只得了个"赐同进士出身"。中了"进士"之后，陆九渊如逢大喜，在行都（杭州）住了四十多天。

在此期间，慕名拜师求学者络绎不绝。据《慈湖先生年谱》记载："先生既奉名，声振行都，诸贤从游，先生朝夕应酬问答。学者踵至，至不得寝者四十余日。"陆九渊虽然只获得"赐同进士出身"，但才华过人，再加上吕祖谦等名家的举荐，声名大振。在这众多从游问学的学者中，就有一名叫杨简的学生。

行都问学期间，杨简曾留下一个"何谓本心"的疑问。杨简公务繁忙便先告辞，但与九渊告别时向他发出了邀请，请九渊方便时到他任职的富阳做客，并再行请教。

这年六月，陆九渊顺道来到富阳。在富阳城大街上，九渊正巧碰上两个人为买卖扇子的事争吵起来。买扇子的人说，扇子质量有问题，要求退货退钱；卖扇子的人则说，扇子质量没问题，拒不退货退钱。两人争得不可开交。这个时候，杨简正笑脸相迎，接陆九渊进府。

杨简待陆九渊坐稳，便急切地问：请问先生究竟什么是"本心"？陆九渊说，孟子讲的恻隐、羞恶、辞让、是非就是本心。杨简很是疑惑，对陆九渊说：孟子讲的"四端"，学生小时候就能倒背如流，可是究竟什么是"本心"呢？杨简又连续追问了好几次，陆九渊仍是沉默不语。

这个时候，那两个为扇子争执的人争到府上来了。杨简只得抽身处理这桩纠纷，处理完转身又问九渊什么是"本心"。陆九渊这才不紧不慢地说：你刚才不是处理了一桩扇讼的案子吗？对者你要知道对在什么地方（对的原因），错者你要知道错在什么地方（错的原因），这就是敬仲（杨简）你的"本心"啊！杨简听完此话，忽然大觉，纳头便拜九渊为师。

后来杨简自己描述这次问学情形说："简发本心之问，先生举是日扇讼是非答，简忽省此心之无始末，忽省此心之无所不通。"而九渊也曾与人说杨简的这次进步，"敬仲可谓一日千里"，即是指此次"本心"之问。

虽然从这次神秘的觉悟中我们得不到什么特别的信息，但可以说，正是这次神秘的"扇讼"之诲，确定了杨简学问的心学方向。

据记载，杨简与陆九渊直接接触还有一次，即杨简四十四岁左右任浙西帅属时，曾与象山同在临安，有诗《侍象山先生游历西湖舟中胥必先周文忠奕》为证。诗曰：

> 百里平湖十里堤，新芜苒苒绿齐齐；
> 水晶宫里光风静，碧玉壶中远近迷；
> 局外有棋输与我，口边得句岂须题；
> 流莺却会幽人意，故向人间一两啼。

读着如此风景秀丽、令人心旷神怡的诗，可以想见陆九渊、杨简师徒相处之和乐。虽然我们无法知道这次杨简与象山在学问上交流的情形，但诗句中却充溢着心学的意境。

书信

这里所谓书信，是指陆九渊写给杨简的信。在《陆九渊集》中，有两封写给杨简的书信，由这两封信的内容，可以看出陆九渊传授了什么思想给杨简，或者说杨简从陆九渊那里学到了什么东西。

其一，"此心之良，戕贼至于熟烂，视圣贤几与我异类，端的反省，谁实为之？改过迁善，固应无难，为仁由己，圣人不我欺也。直使存养至于无间，亦分内事耳。然懈怠纵驰，人之通患，旧习乘之，捷于影响，慢游是好，傲虐是作，游逸淫乐之戒，大禹、伯益犹进于舜，盘盂几杖之铭，成汤犹赖之，夫子七十而纵心，吾曹学者，省察之功，其可已乎？承喻未尝用力，而旧习释然，此真善用力者也。舜之孳孳，文王之翼翼，夫子言'主忠信'，又'言仁能守之'，又言'其用力于仁'，孟子言'必有事焉'，又言'忽忘'，又言'存心养性以事天'，岂无所用其力哉？此《中庸》之戒谨恐惧，而浴沂之志，曲肱陋巷之乐，不外是矣！此其用力自应不劳。若茫然而无主，泛然而无归，则将有颠顿狼狼之患，圣贤乐地尚安得而至乎？"

在这封信里，陆九渊主要和杨简讨论本善的良心遭到戕害的原因，以及解决的办法。陆九渊认为，良心的丧失是因为自己的懈怠所致，如果一个人能自我主宰以改过迁善，就可以避免这个问题。而历史上的舜帝、文王、孔子、孟子等圣人，都是自我主宰、自我修养的榜样，因而希望杨简好好学习，同时表彰杨简化释陈旧陋习的努力。概括地讲，这封信的核心内容就是教导杨简"善在我身，它的彰显或遮蔽，概由自己决定"。

其二，"日新之功有可以见其教者否？易简之善，有亲有功，可久可大，苟不懈怠废放，固当日新其德，日遂和平之乐，无复艰屯之意。然怠之久，为急习所乘，觉其非而求复，力量未宏，则未免有艰屯之意，诚知求复，则屯不久而解矣，此理势之常，非助长者比也。频复所以虽历而无咎，仁者所以先难而后获也。若于此别生疑惑，则不耘、助长之患，必居一于此矣。当和平之时，小心翼翼，继而不绝，日日新又日新，则艰屯之意岂复论哉？顾恐力量未能至此耳。"

在这封信里，陆九渊告诉杨简，日新之功当然与教育有很大关系，一个人如果懈怠，就会感到艰难困苦，反之，就会先困苦后顺畅，先艰辛后收获，因而要持久用力，日新又新，才可得到平和之乐。

综合起来看，这两封信所讲的都是"心本善"，个人精神上的懈怠是使本善之心遭到戕害的原因，因而需要加强自我修养，自我主宰。因此，这两封信所传授的都是心学思想、心学精神。也就是说，杨简通过书信，从陆九渊那里所得到的仍然是心学的精神。

二、八次大觉得真学

在中国哲学史上，哲学家们成长的经历大都被描述得很神秘，或出现个什么大觉悟，或编造个什么离奇经历。比如，孔子曾有"十五而有志于学，三十而立，四十而不惑，五十而知天命，六十而耳顺，七十从心所欲而不逾矩"之说。陆九渊十三岁时，因读古书得解"宇宙"一词，使悬于心中多年的问题豁然省悟，并开启了其心学路向——"宇宙便是吾心，吾心即是宇宙"。王阳明也因龙场大悟"格物致知"之道，才将其智慧贡献给心学理论的创造。

研读中国哲学家经历，如此富有神秘色彩的描述实为司空见惯。事实上，这些神秘性描述还是有它的积极意义的，那就是可以为我们理解、把握古代哲学家思想的成长的曲折性、发展的阶段性、演变的复杂性提供积极性帮助。相比较而言，杨简学术思想的成长历程，有着更多的神奇色彩。

根据《慈湖先生年谱》的记载，杨简一生中至少发生过八次大觉。每一次大觉，都意味着杨简学术思想成长了一大步，悟道水平前进了一大步。

二十八岁，是杨简学问上的第一次大觉。

"简行年二十有八，居太学循理斋时，首秋入夜，斋仆以灯至，简坐于床，思先大夫曾有训曰：时复反观，忽觉空洞，无内外，无际畔，三才、万物、万化、万事、幽明、有无通为一体，略无缝罅。"

杨简经常想起先父的教诲，要时刻默坐反观，禅宗讲"渐久即顿"，杨简此次大觉正是长期反观的成果。在这次大觉中，杨简悟出天地万物与我为一体，澄然一片。这可视为杨简进入心学门槛的标志。

三十一岁，是杨简学问上的第二次大觉。

"某二十有八而觉，三十有一而又觉。觉此心清明虚朗，断断乎无过失，过失皆起乎意，不动乎意，澄然虚明，过失何从而有？某深信此心之自清明，自无所不通，断断乎无俟乎复清之，于本虚本明无所不通之中而起清之之意，千失万过朋然而至矣，甚可畏也！某惧学者此心未明，又惑乎洗心、正心之论。某朝夕居乎清心堂之中，而不以为非，是清心、洗心、正心之说果是也。清心、洗心、正心之说，行则为揠苗，非徒无益而又害之。"

杨简由"清心堂"而觉。他因此而不安。为什么？因为孔子讲"心之精神是谓圣"，既然是"圣"，还有什么必要去清洗它呢？实际上，人心本正本善，虚明无体，精神四达，至灵至明，是是非非，云为变化，能事亲、能事君、能从兄、能友弟、能与朋友交、能泛应而曲当，不学而能，不虑而知，未尝不清明，根本用不着去正心、清心。人心本善本正，怎么又会有过失呢？原因在于人有意念。如果不起意，心仍然是清明虚朗、无所不通，所以不会有过失。而清心、洗心、正心，实际上是揠苗助长，不仅没有益处，反而得害。

这次大觉，杨简所悟是"心"的空洁性、神圣性、绝对性，并由此提出"意"的概念，使"意"的伦理价值凸显出来，从而为他的修养论的展开创设了前提。

三十二岁，是杨简学问上的第三次大觉。

这次大觉完全是因参拜陆九渊、得陆氏之教而起。关于这次大觉的记载颇多，我们从《慈湖先生遗书》中摘录角度不同的几种描述。

其一，"简年三十有二，于富阳簿，舍双明阁下，侍象山先生坐。问答之间，忽觉简此心清明，澄然无滓，又有不疾而速、不行而至之神，用此心乃我所自有，未始有间断。"

这是杨简自己的描述。大意是在与陆九渊答问过程中，突然觉得自心清明无渣，而且有不疾而速、不行而至之神妙。

其二，"陆文安公新第归来富阳，长先生二岁，素相呼以字为交友，留半月，将别去，则念天地间无碍者，平时愿一见，莫可得，遽语离乎？复留之，夜集双明阁上，数提'本心'二字。因从容问曰：'何为本心？'适平旦曾听扇讼，象山扬声答曰：'且彼讼扇者，必有一是一非，若见得孰是孰非，即决定为某甲是某乙非矣！非本心而何？'先生闻之，忽觉此心澄然清明，亟问曰：'止如斯耶？'公竦然端历，复扬声曰：'更何有也？'先生不暇他语，即揖而跪，拱达旦质明，正北面而拜，终身师焉。"

这还是杨简的描述。陆九渊去世后，"本心"之说显然对杨简学问影响很深，讲到这次大觉大概动了感情，叙述得格外详细，而且惟妙惟肖。陆九渊以"扇讼"作比喻，竟然让杨简明白了什么是"本心"，不可不谓高明；而且杨简通过"扇讼"悟到什么是"本心"，不可不谓聪慧。

其三，"简主富阳簿，访余于行都。余敬诵所闻，反复甚力。余既自竭，卒不能当其意，谓皆其儿时所晓，殆庸儒无足采者，此其腹心初不以语人，后乃为余言，如此又一再见，始自失，乃自知就实据正，无复他道。"

这是陆象山的描述。在这段描述里，陆九渊更多的是讲杨简如何如何地用功，锋芒毕露，不可阻挡。不过，当杨简再次听陆九渊讲道时，便叹服象山所讲都是不易之理，拜象山为师。

其四，"慈湖先生与象山先生夜集双明阁下，因剖扇讼，揭示本心，恍然有悟，精湛力造，浑化忘言，其学以天地万物与吾身澄然一片，而直指至灵至神，古今一贯之心，万善俱足，平等圣凡。"

这是旁人的描述。这个描述主要着力的地方是杨简觉悟的状态和境界，什么"恍然有悟"，什么"精湛力造"，什么"浑化忘言"，什么"慈湖学问以天地万物与吾身澄然一片"，什么"古今一心、万善俱足、平等圣凡"，心学的境界就是仁者以天地万物为一的境界，所以无大小、先后、高下、好坏、阴阳、男女、老少之差别。

在史籍里，对这次大觉记载描述最多，也可看出这次大觉在杨简学问成长过程中的重要性。如要对这次神秘的觉悟作个小结，那就是：

第一，对"心"的多种性能——圣性（澄然无滓）、无限性（此心乃我所有，未曾有间断）、贯通性（古今一贯之心、万善俱足、平等圣凡）等有了较完整的体悟。

第二，巩固了杨简多年的心学觉悟，并为他启迪了新的思路——"某积疑二十年，先生一语触其机。某始自信，其心即道而非有二物"。

第三，接受陆象山理论宗旨和思想路数，使其学问有了师承性规定——"自失自知，变实据正，无复他适"。

因此可以认为，经过这次神秘的"扇讼"之诲，杨简已具备的心学潜觉得到了开掘和提炼，成为其学问成长道路上的重要里程碑；也正是通过这次大觉，杨简正式拜陆九渊为师，确定了师徒关系。

三十四岁，是杨简学问上的第四次大觉。

这次大觉是因为母亲的去世。淳熙元年（1174）春天，杨简母亲臧氏去世，杨简却因母亲的去世而大悟"变化云为"之旨，成为其学问经历中的第四次大觉。

"春丧妣氏，去官，居垩室，哀毁尽礼后，营圹车厩，更觉日用酬应未能无碍，沉思屡日。偶一事相提触，亟起，旋草庐中，始大悟变化云为之旨，纵横交错万变，虚明不动，如镜中象矣。不疑不进，既屡空屡疑，于是乎大进。"

母亲去世，杨简离官在家为母亲守孝。母亲的去世让杨简万分悲痛，并由这种悲痛中体悟到万事万物的瞬息万变，由此形成一种精神上的超越。

后来杨简在《慈湖易传》中还提到这次大觉：

"居妣氏丧，哀恸切痛，不可云喻。既久，略察曩正哀恸时，乃亦寂然不动，自然不自知，方悟孔子哭颜渊而不自知，正合无思无为之妙。"

在万分悲痛的情境中，杨简完全忘记了自己，忘记了周围的一切，并因此与孔子哭颜回时那种完全不自知的心境打通。

在这次大觉中，杨简由动静关系解释心物关系、主客关系、天人关系，将万变万化视为"镜中象"，从而为"心"的圆融无碍提供了一种新解释。

五十四岁左右，是杨简学问上的第五次大觉。

他偶读《孔丛子》中"心之精神是谓圣"而大悟。

"学者初觉，纵心所之无不元（玄）妙，往往遂足，不知进学，而旧习难遽消，未能念念不动。但谓此道无所复用其思为，虽自觉有过，而不用其力，虚度岁月，终未造精一之地，日用云为，自为变化，虽动而非动，正犹流水，日夜不息，不值石险流形不露，如澄沚不动而实流行。予自三十有二微觉，已后正堕斯病，后十余年，念年迈而德进，不进殊为大害。偶得古圣遗训，谓学道之初，系心一致，久而精纯，思为自泯。予始敢观省，果觉微进。后又于梦中获古圣面训，谓简未离意象，觉而益通，纵所思为，全体全妙，其改过也，不动而自泯，泯然无际，不可以动静言。"

杨简说，他虽然三十二岁时已有过一次觉悟，但那只是微觉，而且还经常陷入懈怠无力、修养停滞不前的窘境，对宇宙人生的体验也极为模糊。但十余年后，当读到孔子说的"心之精神是谓圣"时，才感到觉悟有了很大提升，方知"心"必须专心致志，如鸡孵卵，这样，时间久了就会变得精纯。杨简说当他自我反省的时候，果然发现有了很大进步。

杨简因为读到"心之精神是谓圣"而觉悟的事，在《四朝闻见录》中有更清楚的描述：

"杨简参象山学犹未大悟，忽读《孔丛子》至'心之精神是谓圣'一句，豁然顿解，自此酬酢门人，叙述碑记，讲说经义，未尝舍心以立说。"

杨简自称参象山之学为"微觉"，说明其学问仍需补进，而因年少容易满足，以致十多年没有进步，还好，后来偶然读到圣训即《孔丛子》中"心之精神是谓圣"，才又获得一次觉悟。如此大觉于杨简学问具有深刻意义。

第一，确定心学知性本体状态——自泯不动，所以求知方法不是外索。

第二，确定心学道德本体状态——内圣，所以成圣方法是复性内成。

《孔丛子》中"心之精神是谓圣"，几乎为所有考据家所证伪，即它根本不是孔子的话。杨简其实也知道这不是孔子所说，那杨简为什么对此深信不疑呢？原因在于这句话完全符合杨简的心学精神。根据杨简的解释，"圣"就是无所不通，无所不在，无所不化，这正是"心"的特质。

六十一岁，是杨简学问上的第六次大觉。

"十一月九日清晨，忽觉子贡曰'学而不厌，知也，教而不倦，仁也。孟子曰，恻隐之心，仁也；羞恶之心，义也；恭敬之心，礼也；是非之心，知也'。二子之言异乎孔子之言仁矣！十一日未昧爽，又忽醒孔子之言'知者不惑，仁者不忧'，必继之以勇者不惧，何也？知及之，仁能守之，知知道仁者，常见常清明之谓，然而亦有常清明，日用变化不动，忽临白刃鼎铄，犹未能不动者，此犹未可言得道之全，故必终继之以勇者不惧。"

在这次觉悟中，杨简不仅觉悟到子贡、孟子所讲的"仁"与孔子所讲的"仁"不同，而且觉悟到孔子在"知者不惑，仁者不忧"后面加上"勇者不惧"的原因，那就是"知"和"仁"虽然常见常清明，而一旦遭遇到明晃晃的刀枪，还是不能做到岿然不动，所以要讲"勇者不惧"。

从中可以感觉到，杨简是在用心学方法解释"仁""知"等儒学范畴，来评判子贡、孟子的言论，认为"知知道仁"不过是言教之书本功夫，只有"勇"才是一种可融"仁""知"于一体的精神与气质。

六十六岁，是杨简学问上的第七次大觉。

这次大觉因为偶然读到《大禹谟》引起。一天，杨简随手拿来《尚书》翻读，当他读到《大禹谟》时顿然有悟。

"简自以为能稽众舍己从人矣，每见他人多自用，简不敢自用。亦简自谓能舍己从人，意谓如此，言亦可矣。一日偶观《大禹谟》，知舜以克艰稽众，舍己从人，不虐无告，不废困穷，惟帝尧能是，是谓己不能也。三复斯言，不胜叹息，舜心冲虚，不有己善，虽稽众舍己从人，亦自谓不能，呜呼，圣矣！舜岂不能稽众者？岂不能舍己从人？岂虐无告？岂废困穷？无告，常人之所不敢虐；困穷，常人之所不忍废；而今也圣人曰己不能，呜呼，圣矣！惟舜冲虚如此，其至故益赞舜德自广运、自圣、自神、自文、自武，皇天眷命，奄有四海为天下君。时简年已六十有六，平时读《大禹谟》未省及此。"

本来，杨简在道德人格上还是比较自信的，自以为能安抚百姓、舍己为人；不过，当他读到《大禹谟》中说舜帝虽然能够克服艰难以安抚百姓、舍去自己的利益以谦让他人、不虐待鳏寡孤独者、不遗忘穷困潦倒者，但却对外谦称自己做不到时，杨简深为感慨：也只有像舜帝这样冲虚如漠的人才能做到啊！做了那么多善事，却不以为己能；为那么多人带来福祉，却不以为己功。到今天才悟到什么是天地之境界啊！

七十八岁，是杨简学问上的第八次大觉。

这次大觉因袁肃等奏请修建讲学之所引发，杨简对此行为自然是大为称赞。

"某行年七十有八，日夜兢兢，一无所知，曷以称塞？钦惟舜曰：道心，非心外复有道，道特无所不通之称。孔子语子思曰'心之精神是谓圣'，圣亦无所不通之名，人皆有此心，此心未常不圣，精神无体质，无际畔，无所不在，无所不通。《易》曰'范围天地'，果足以范围之也？《中庸》曰'发育万物'，果皆心之所发育也？百姓日用，此心之妙而不自知，孩提之童无不知爱其亲，及长无不知敬其兄，爱亲曰孝，敬兄曰弟，以此心事君曰忠，以此心事长曰顺，以此心与朋友交曰信，其敬曰礼，其和曰乐，其觉曰知，故曰知及之，所觉至于纯明曰仁，言此心直而不支离曰德，其有义所当行不可移夺曰义，名谓纷纷如耳目鼻口手足之不同而一人也，如根干枝叶华实之不同而一木也，此心之虚明广大、无所不通如此……日用平常，变化云为，喜怒哀乐，如四时之错行，如日月之代明，如镜中万象实虚明而无所有，夫是之谓时习而悦之学，夫是之谓孔子为之不厌之学。"

在这次觉悟中，杨简悟到"道"是"无所不通"之意，因此，"道心"就是说"心"虚明广大，无所不通，无边际，无所不在。这个无所不通的"心"，人人皆有。因此，人之爱、敬、孝、悌、忠、顺、信、礼、乐、知、仁、德、义诸德不过是一"心"之伸展，而人们在生活中表现出来的道德风貌，不过是一"心"之浸润，都是由"心"所发出。可见，到七十八岁时，杨简的觉悟已经完全进入万物无界、万象无形、万念无碍的境界。孔子"七十从心所欲而不逾矩"，杨简经过一辈子的修炼，亦近夫子也。

自然，这八次大觉并不能将杨简悟道经历的复杂性、奇特性完全反映出来，但它足以让我们了解到杨简学问经历的神奇性，让我们感受到杨简在为学道路上的好学勤思的品格，而"心学"精神是杨简一生学问的中心。

三、苦心著述继绝学

杨简的老师陆九渊倡"简易"学风，述而不作；杨简虽宗象山心学，却有丰厚的著述。正如袁甫在《书慈湖遗稿》中说的："先生之言多矣，门人冯兴宗、周之德取训语之要，聚为一编，属甫刻梓以惠后学。"

《宋史·杨简本传》和《艺文志》共录杨简著述十二种，《慈湖县志》录有二十四种，今人张寿镛《慈湖著述考》称有三十种。现存杨简著作中最重要者当为《慈湖先生遗书》《慈湖诗传》《杨氏易传》。《慈湖先生遗书》是后人编纂的杨简文集，有多种版本，其中以张宗祥编《四明丛书》版的《慈湖先生遗书》辑录的内容最为丰富，是今人研究杨简的基本材料。《诗传》《易传》是杨简通过诠释儒家经典以发挥自己"心学"思想的著作，也是研究杨简"心学"的基本资料。

归纳起来，杨简的主要著述有：《慈湖先生遗书》十八卷，《慈湖先生遗书续集》二卷，《慈湖先生遗书补编》一卷，《杨氏易传》二十卷，《五诰解》四卷，《慈湖诗传》二十卷，《石鱼家记》十卷，《石鱼偶记》一卷，《先圣大训》六卷，《春秋解》十卷，《古文孝经解》一卷，《曾子注》十卷。我们从这些著作中选择几种作扼要介绍。

《慈湖先生遗书》。《慈湖先生遗书》收集了杨简大部分著述，涵盖了杨简的主要著作。其中有序文类，如《周易解序》《春秋解序》《诗解序》等；记文类，如《乐平县学记》《永嘉郡学永堂记》《绝四记》等；墓志铭类，如《宋慈溪县孙孝子墓志铭》《王德高墓志铭》等；赋类，如《南园赋》《广居赋》等；另有专门论著如《己易》、《论诗书》、《论礼乐春秋》、

《论论语》(上、下)、《论孝经》、《论大学中庸》、《论孟子诸子》、《泛论学论文论字义论历数》、《论治务治道论封建论兵》、《纪先训》、《炳讲师求训》、《孔子闲居解》;等等。可见,《慈湖先生遗书》涉及哲学、政治、伦理、教育、文学、历学等领域,是研究杨简思想的基本资料。

《杨氏易传》。《四库全书提要》评价《杨氏易传》说:"简之学出陆九渊,故其解《易》,惟以人心为主,而象数、事物皆在所略,甚至谓系辞中'近取诸身'一节为'不知道'者所为,故明杨时乔作《传易考》竟斥为异端。"为什么被后人判为"异端"?主要是因为《杨氏易传》解"易"完全取心学态度。比如,在杨简以前,对于"易"有三种解说,即变易、不易、简易。而杨简别出心裁,他的解释是:"易之道一也,亦谓之元,乾元坤元即此元也。此元非远,近在人心,念虑未动之始其元乎?"也就是说,"易"就是"一",就是"元",而"元"就在人心。所以,"易"的根本含义就是寂然不动之心。再如,杨简解释《易》的思想也完全取自心学立场。他认为,"易"的变化就是天地的变化,就是"己"的变化,就是"心"的变化,所以,"易"中所讲万物、万化、万理,都在一心。而且,阴爻阳爻是形容人体的,阳爻是我之全体,阴爻是我之体变化之殊。这样,杨简对《易》的解释完全不同于前人,《杨氏易传》可以认为是一部"心学易学"。

《杨简诗传》。《四库全书提要》有这样的评价:一是"大要本孔子'无邪'之旨,反复发明";二是"然其于一名一物一字一句,必斟酌去取,旁征远引,曲畅其说。其考核六书,则自《说文》《尔雅》《释文》以及史传之音注,无不悉搜;其订证训诂,则自齐鲁毛韩以下,以至方言杂说,无不转引,可谓折衷同济,自成一家之言"。如此看来,《杨简诗传》应该是一部具有较高学术价值的著作。但是,它的特点也很鲜明。比如,它是杨简用来阐发其心学思想的著作。在杨简看来,《诗经》三百篇,"孔子所取,取其无邪,无邪即道心"。

杨简认为，《诗》就是从不同角度体现"道心"的。第一类是指直接表达了儒家伦理道德标准的诗，此即是"道心"；第二类是指能诱发、激起人"本有之善心"的诗，此即是"道心"；第三类是指叙写日常生活的诗，虽然平庸无邪，但蕴藏着"道心"；第四类是指描述男女幽会的情诗和咒憎君王的刺诗，也是符合"道心"的。

在杨简看来，"人心本善、本正。人心即道，故曰道心。因物有迁，意动而昏，始乱始杂，然其本心之正，亦间见互出于日用云为之间，三百篇多此类"。具体言之，三百篇所表达的，或直显"道心"，或诱发"道心"，或蕴藏"道心"，或出于"道心"，概言之，三百篇都是"道心"，这就是《杨简诗传》的中心思想。

由此可见，《杨简诗传》是杨简的心学基本观点在疏解儒家经典时的具体发挥，是陆九渊"六经注我"观点的最好的印证。

《先圣大训》。《四库全书提要》对这部书评价甚高："秦汉以来，百家诡激之谈、纬候怪诞之说，无一不依托先圣为重，庞杂芜秽，害道滋深，学者爱博嗜奇，不能一一抉择。简此书却能削除伪妄而取其精纯，刊落琐屑而存其正大。其间字句异同，文义舛互，亦皆参订斟酌，归于一是，较之薛据集语，颇为典核，求洙泗之遗文者，固当以是为骊渊矣。"

这个话实际上也就是杨简在《先圣大训序》中所提到的，他从《论语》《孝经》《易》《春秋》以外的诸如《礼记》《家语》《左传》《国语》等书中选取孔子的语录加以编撰，就在于有相当多的人不认真辨析孔子的话，致使夜光之珠久混沙砾、日月之明出没云气，所以，杨简编此书就是为了去讹化诬解惑。杨简认为这是一位儒者应有的责任。

第2章

讲学布道不离心

　　杨简虽然担任过不少官职，但他一生的成就并不在政治上，而是在教育事业上。自然，由于受陆九渊心学影响很深，他的教育理念、教育方法、教育实践等方面也都有鲜明的心学烙印，使他的教育思想和实践有着自己的特色。本章拟由教育理念、教育方法、教育实践等几个方面勾勒出杨简教育事业的全貌，并试图向读者展示杨简教育事业之精神。

一、教学以启人心

　　孔子教育的理念包括"有教无类""因材施教""培育人格"等方面，孔子的教育成就当然与这些教育理念有着密切关联。作为教育家的杨简，也提出过自己的教育理念。

启人心之自有

　　怎样教育人、教好人，是很讲究方法的。当然，不同的教育家所使用的教育方法又与他的哲学思想有密切关系。这里所谓的哲学思想就是所谓的教育理念。杨简深受陆九渊心学影响，因而他的教育理念与心学的基本主张是一致的。

　　心学有一基本观念是人有先天善性，善是内在于心的。这个思想当然来自孟子——"仁，人心也，义，人路也。舍其路而弗由，放其心而不知求，哀哉！……学问之道无他，求放心而已矣！"孟子虽然认为"仁"内在于心，但如果因为各种原因丢失了，还得去寻找，即所谓"求放心"。

杨简继承了孟子"人心本善"的观念，认同"人心自神，人心自灵，人心自备，众德不学而能，不虑而知"的主张，但似乎不认同"寻找"之方法，既然"心"是自善、自灵、自神的，还有什么寻找的必要呢？可是，如果不去寻找，怎样使"善"回到人身呢？或者，那些从事教育工作的人做什么去呢？杨简的回答是很符合心学精神的。杨简说，学者学"心"，教者教"心"，为学当以"心"论，无以外饰。"教"和"学"都不能离开"心"，以"心"论教，那怎么个教法？

比如，老师是传"道"的人，但"道"不在心外，而在心中，所以老师如要传道解惑，他要做的工作不过是启发人心本有的善而已。再如，老师实施教育也不能从学习者本心之外的东西开始，因为在学者本心之外没有别的东西可教；所以，老师不过是使那固有的"善"彰显、恢复而已，如果不是从人本有的"善"而展开教育，那么所教的内容都是外在的事物，跟学习者就毫无关系了。

这样说来，教育只是启发每个人心中固有的"善"，而且是完全有成效的。因此，所有向心外求学的行为，如求索于书本，如外表上的动容貌整都是多余而不足取的。

比如，善于学习《易》的人，都是反身向内求之于自己，而不是向外求之于书本。古代圣人创作"易术"，也就是为了启发每个人的"心"，使之明亮而已，如果不是这样，那就是不懂得古代圣人创作"易"的旨意了。

再如，北宋程颐曾说，如果一个人能做到动容貌整，那么他的观念中的"敬"便会油然而生，而做到了"敬"便可做到"主一"，"主一"的意思就是既不走向东，又不走向西，可是，这是多么痛苦的事啊！

每个人的本性就是"善"的，何必搞得如此拘束呢？何必这样折腾自己呢？孔子从来没有这样教导过人啊！他老人家只是说"居处恭，执事敬"而已，只是说"出门如见大宾，使民如承大祭"而已，只是说"约之以礼"而已。程颐教导人自然是很严格，但孔子说"过犹不及"，太放松或太严格对"道"的损害是一样的啊！

杨简认为，只有关注人心、启发人心之善的教育才可真正教化社会，才真正有助于社会的治理。他说："善治国家，必以德教；德教行则治德成。"这显然也受到孟子"善政不如善教之得民"教育智慧的启发，但在杨简这里，以启发人心、培浚人德为精神的教育理念对社会、对政治的益处更富绝对意义。

杨简"先立乎其大"的教育宗旨，在于提醒每个人时刻关注自我之"心"，彰显"心"的善性，自我主宰，以便面对外界声、色、淫、乐等强大诱惑时本正不动，因而它对升华个体灵性以铸造理想人格具有重要作用。

不过，我们由人类历史事实得知，人的外在行为不仅需要先验良知的引导，似乎也需要后天的培养和经验的教育，才能持守社会规范。因此，杨简"启人心之自有"的教育理念忽视外在知识与经验教育的必要性则是需要修正和完善的。

日用庸常是谓教

如果说，"教育以启人心本有之善"是杨简教育思想的根本理念，那么，"日用庸常是谓教"则是杨简教育思想的另一基本理念。事实上，这个理念对于儒家教育思想而言，是一优良传统。

孔子认为，自然界的春夏秋冬、风雨博施都是生动的教育材料——"天有四时，春秋冬夏，风雨霜露，无非教也；地载神气，神气风霆，风霆流形，庶物露生，无非教也。"在大教育家孔子看来，"斜阳芳草寻常物"，都是可以用来展开教育的好素材。

老子说，人法地，地法天，天法道，道法自然。可见，老子也是推崇平易自然的教育观念的。

杨简的老师陆九渊，更是随遇而教，随时而教，随人而教，他的教育观念就是简易平常、轻松自然，让受教者在不经意之中获得真理和智慧。

杨简基本上继承了"自然之教"的教育观念，借助佛教"担水砍柴即是道"的智慧，将教育从学府、经书中引向日常生活。

杨简说，古代帝王教育他们的老百姓，就是将教育内容寓于日常生活中。他举例说，《尚书》所谓正德、利用、厚生，就是将正德之教寓于老百姓利用、厚生的活动之中；《易》教育人也是从饮食、衣着、辈分等日常生活着手；《周官》则将教育寓于婚姻之礼、祭祀之礼等礼节之中。因此杨简认为，那种只依靠诏令、戒谕等暂听、暂观等形式是不能教育好人的，不但不能教育好人，反而会使人越来越迷惑。所以，杨简主张，所谓教化、教育，都要以日用庸常之事为基础，因人因事因时而施教。根据这样一种原则，教育不能弄成高不可及的怪物，学问不能扮成神秘莫测的幽灵，任何个别的、平凡的事物都含着深刻而丰富的学问，所以要"即事即教，即时即学"。

杨简说："即事即学也，即此下笔处，即学也。"

"道"没有大小之别，哪个地方没有"道"呢？可以随时在日用之中求得"道"：衣服饮食，是道；娶妻生子，是道；动静语默，还是道。只要无所贪，刚正不邪，那么无须向外求索便可得"道"。

因此，"事"就是"学"，"学"就是"事"，如果将"事""学"分离为二，就可能让人疲于应付，劳而无功。

总之，事事即学，处处为道，事道不二，分之则废。教育即是事情，即是生活，即是人的存在。

这种将教育生活化、实践化、世俗化的观念，是继孔子"有教无类"之后中国教育史上的重大进步：教育不仅是官府的事，不仅是先生的事，更是每个人自己的事。

杨简这种教育观念，是其"此心自灵自神"心学精神的深刻渗透；那种"事事即学、无处非道"的教育智慧对于个体时时省己、觉己、切己从而培浚个体之道德具有立本之功效，尤其是在以智慧教育为主流的现代，人们的精力为利欲、为游戏所支离、所泯灭，立本的日用之教似乎更有着非常现实之价值。

二、教法行于日用

　　使用怎样的教育方法才能符合教育理念并达到预期教育目的？杨简没有标新立异，而是遵循他"教育以开启心灵"的教育宗旨引申出其教育方法，即"一贯之教"与"身教"。为了让读者能更真切地感受并了解杨简的教育方法，本节末尾还列有杨简与学生之间的答问史料供参考。

一贯之教

　　孔子曾经问他的学生曾参说：曾参啊，你知"道"吗？我讲的那些"道"，都是贯通一致的哦。曾子很利落地回答：是的，老师，我晓得您的"道"。孔子离开之后，孔门其他弟子立即把曾子团团围住，问他是什么意思。曾子说，老师讲的"道"，很简单的，就是忠和恕罢了。这就是"一以贯之"的由来。事实上，这个情节所要表达的，是孔子的教学方法。也就是说，孔子教育人的方法是贯通的、一体的，不是零碎的、支离的。

　　据说，杨简所提倡和应用的教育方法也是"一贯之教"。那么，杨简的"一贯之教"具体内容怎样呢？杨简说，孝、悌、忠、信乃"心"之异名，力、行、学、文乃"心"之妙用，这就是"一贯之教"的秘密啊。就是说，所谓"一贯之教"是将诸般道德化解为"心"，将教育行为归为对"一心"

的体验。值得注意的是，这种"一贯之教"并不是杨简想当然的产物，它有着哲学的、人性论的根据。

从哲学层面看，天、地、人万化为一。杨简曾说：我有时反身向内洞察，便会觉得空洞虚旷，无内外，无边际，天地人三才，万物、万化、万事、幽明、有无，从"道"的高度看，都是一体，它们之间无任何缝罅，万象森罗，都为一理贯通。因此，天就是人，人就是天，地就是日月，就是四时，就是鬼神，就是礼乐根源。但是，根源并无作为根据的东西，也没有作为末用的东西。本末的名称，都是因为人心的不同而产生的，而本末作为实际的存在，却不会因为人心的差异而不同。既然天、地、人、万象、万化都是"一"，那么，"施教于人"无论从何处出发，当可"以一贯之"；既然礼乐之原在天，礼乐之用在人，"天即人，人即天"，那么，它们的教育当然也是"以一贯之"的。

从人性论层面上看，人性本"一"，所谓孝、悌、忠、信、仁、义诸般道德，不过是心性之殊相。

杨简说，性体本来是浩大的，由于被遮蔽而变小，又由于去除了"蔽"而重新变大，其实不过是恢复本来就有的浩大之性而已。不过，这并不是说性体有消长之别，而是因参照不同使然。

从人物角度言，叫作性；从人物万化莫不遵循它而言，叫作道；从它的氤氲和育发达角度言，叫作气；从天下万事各有适宜的角度言，叫作义；从恻隐之心角度言，叫作仁；从恭敬之心角度言，叫作礼；从诚实无欺角度言，叫作信。其实，这些都是一个东西，只是从不同的角度看而显其差别而已。

忠、信、孝、悌、仁、义诸般道德不过是本心、本性之外在表现形式，而且，如此诸般道德之善原善根在心在性，因而所谓"一贯之教"即是"以心贯之"之教。

杨简说，所谓德，所谓孝悌，所谓神明，所谓克艰，所谓正，都是殊名，它们的本质不过是"一"而已。

因此，性就是心，心就是道，道就是圣，圣就是睿，从天生本有角度讲就叫作"性"，从精神思虑角度讲就叫作"心"，从天下人莫不遵循它的角度讲就叫作"道"，都是一个东西而已。

既然在哲学上，万事、万物、万理都是"一"，所以如果教人以道理，自可以通而教之，这就是"一以贯之"教育方法的事实基础；既然在人性上，所有人的人性是相通的，人人具有相同的性灵和能力，那么作为教育者而言，自然可以施以"一以贯之"的方法。

应该说，在杨简这里，"一贯之教"是从方法上对心学精神的外推；就方法本身而言，含有对教育系统性、根源性的卓越见解。这体现了杨简教育思想的深刻性。

身教重于言教

"人师"重于"经师"是儒家教育的一个优良传统。孔子曾说，一个人如果自己身正，那么他就是不发号施令，人家也会听从他；一个人如果自己坏事做绝，即使他无数次发号施令，人家也不会听从他。

孟子则说过，一个人如果不按照原则身体力行，那么他的话就是在他的妻子和孩子那里也行不通；一个人如果不按照原则用人，那么他的事即使在他的妻子和孩子身上也行不通。这都是强调身教的重要性。

杨简也非常注重身教在教育中的作用，对自家子弟、对学生都强调"亲贤"的重要性。他曾说，我杨门弟子，有一件急事就是亲近贤能之人。

杨简认为，一个人如果有志于学习，而且善于学习，那么他看到贤能的人可以学习，看到不贤能的人也可以学习，快乐的时候可以学习，痛苦的时候还是可以学习。这就是讲学习这件事变成了"心的全体"。

因此，人最大的愚昧，就在于自满，自以为是。这种人不知道从别人身上学习优点，又不好好修炼自身，因此，即便终其一生，也学无所成。而一般情况下，善于学习的人，看到别人贤能的地方，就知道自己的不足，看到别人远大的地方，就知道自己的狭小。

"身教"是这么地重要，它可让人亲见是非、目睹善恶，以调整自我言行与行为。相反，对于"经书之教"，杨简则表现得十分淡漠。

杨简说，语言文字这样的东西都是人们获得"道"的障碍，一个人如果在学习中把握了要领，根本就不需要耗费什么力气便可获得成功。他还说，那些善于学习《易》的人，都不是靠钻研各种经籍而获得其中心思想的，而是反身向内，尽心知性，以开掘人本有之善。异于"身教"的"经书"之教，不仅不能帮助开启心灵，反而会支离人心，制造开启心性的障碍。而"身教"具有可感性、典范性、亲切性、生动性等特点，受教育者易受感染、易接受。

杨简执教一生，身体力行，以自己的风范沐浴学生，不愧为"百世之师"。正如王应麟所说："先生立心以诚，明笃敬为主，立言以孝弟、忠信为本，躬行实践，仁熟道凝，盛德清风，闻者兴起，可谓百世之师矣。"

问学答问辑录

杨简的弟子个个好学，人人好问。杨简也是诲人不倦，每问必答，勤于点示，颇有夫子风范。我们从《慈湖先生遗书》《宋元学案·慈湖学案》中摘录部分答问，希望它有助于读者对杨简教育思想、教育方法的进一步理解。

尤朴茂问学。杨简告诉他说："你先暂且学习如何作拱。"尤朴茂遵旨而行。数日之后，杨简对尤朴茂说："可以了。"并单独与尤朴茂讨论学问，日夜不休。

王子庸问学。杨简告诉他说："学习没有什么特别的妙法，只要你做到不向外求索就可以了，因为世界上的事本来就简单自然，没有什么可怀疑的。"王子庸按照老师的教导去实践，后来屡有创获。

舒益问学。杨简告诉他说："孔子尚且发愤忘食地读书，何况那些昏沉不醒的晚辈后生。你如果能做到不随物沉浮，并且日夜反省自己的过错，战战兢兢、谨小慎微地做人，就会有所成就的。"舒益谨守师言，学业日进。

赵得渊问学。杨简告诉他说："心的精神就是圣洁光明、圆融无碍的，每个人都有这个心，是先天的、内在的，所以，人没有必要到心外去寻找归宿，如果向外寻求归宿，就可能起私意，反而有害于道。"赵得渊牢记于心，后来德性有了很大提升。

张渭叔问学。杨简告诉他说："心的精神就是圣洁光明、圆融无碍的。"张渭叔领受这个教导并身体力行，后来德性日渐圆融。

张汾问学。杨简告诉他说："心的精神就是圣洁光明、圆融无碍的。孟子讲的'仁'，就是人心，而人心就是'道'，舜帝称其为'道心'。日用平常之心就是'道'，所以圣人又称其为'中庸'。'庸'字，就是平常的意思。一个人在日用庸常时萌动意念，就会出问题而不可收拾。"张汾称谢而去。

桂万荣问学。杨简告诉他说："心的精神就是圣洁光明、圆融无碍的。"桂万荣颇能领悟这个话的意思，并将其诉诸实践中，成为杨简弟子中地位较特殊的一位。

曾熠问学。杨简告诉他说："《易经》中曾说'百姓日用而不知'，日用难道就无困扰吗？困扰就是变化，就是天地间的风雨晦暗罢了。君子们看见善就能向它靠近，有了过错就立即改正过来，改正过来，性情便可贞定了。所以孔子说'改正了过错便可使意念停息'，如果改正了过错，意念仍然不断地萌生，这就叫'正其心反而成其意'了。"曾熠恍然大悟。

日本僧人俊芿问学。杨简告诉他说："心的精神就是圣。这个心是虚明无体、广大无边的，好比日月云为，虚虚实实，变化万千，既不曾动，也不曾静，既不曾生，也不曾死。所以，人称呼其动或静，称呼其生或死，称呼其昼夜或光明，都是因为萌生了意念，因为人一旦起了意念，就会头脑发昏，就会认是为非。"俊芴满意而归。

钱栖问学。杨简告诉他说："孔子曾经说：'天有四时，春秋冬夏，风雨霜露，无不是教化人的好教材。地载神气，神气风霆，风霆流形，庶物露生，无不是教化人的好教材。'你应该领悟其中的道理，不要整天昏天黑地地瞎琢磨。"接受杨简点拨之后，钱栖的境界有了很大提升。

如上所列杨简回答弟子问学情形，足以让我们获得如下有价值的信息。

第一，杨简与他的学生互动是相当频繁的，学生很愿意向老师提问题，说明杨简是个诲人不倦的好老师。

第二，杨简教导学生的最多的一句话是"心之精神是谓圣"，说明杨简坚信人心本善的心学主张，并因此要求人进行修养也应立足自我、立足本心，而非向外求索。

第三，杨简非常注重日常之教，日常生活中的事象、身边的斜阳芳草、天空的风雨雷鸣，都是绝好的教育人的素材，杨简继承了儒家优良的教人方法。

第四，杨简注重从日常行为开展教育，要求学者先在行为上有非常规范的训练、有很好的执行规则的习惯，这样的教育是比较容易达到预期效果的。

三、讲学只为传道

杨简的教育理念、教育方法并不仅仅停留在理论说教上，他继承了儒家注重实际的传统，将其教育理念、教育方法完全贯注于教学实践中，使其教育从理论到实践融为整体，其在教育实践上的重大成绩也由此凸显出来。这里择取六次讲学活动加以介绍，以使读者对杨简的教育实践有一个切身的了解。

富阳讲学

二十九岁时，刚考中进士的杨简便出任富阳主簿。富阳这个地方商贸发达，从事商业做生意的人特别多。不过，这里的老百姓虽然很富足，但不重视教育，对于古代经书更是毫无兴趣，因而文盲众多，民众素质低下，社会秩序紊乱。

杨简来到这里两个多月过去了，竟然没有一位知识人来见他，他感觉不对头，便立即采取相关措施。他晓大义于县令，让县令懂得让百姓学习经书、掌握圣人教导的重要性，并建议县令承担起教化民众的责任；他表彰鼓励勤奋读书的人；他严于律己，亲自登台讲课，为民众作出了表率。在杨简的不懈努力下，富阳一时"兴学养士，文风益振"。

碧沚讲学

四十九岁时，杨简应史忠定之邀讲学于碧沚。全祖望在《鲒琦亭集外编杨文元书院记》中写道："文元之讲学于碧沚，以史氏也。先是史忠定、王馆、沈端宪于竹州，又延文元于碧沚。袁正献时亦来预湖上，四桥游人如云，木铎之声相闻，竹州在南，碧沚在北。"

这个简单的描述足以让我们领略到当时杨简讲学之壮观气象。碧沚讲学时，师事杨简者主要是史氏家族的人，史弥忠、史弥远、史弥坚、史弥巩、史弥林、史守之、史定之等，都是杨简的弟子。

乐平讲学

五十二至五十四岁时，杨简任乐平县令。在乐平的数年时间里，杨简十分重视教育、教化。他设社坛、兴学校，亲自讲学，使乐平人深受感动，致使读书人"昼夜忘寝食"。

钱时在《慈湖先生行状》中有这样的描述："饶之乐平，故学宫逼陋甚，危朽相，支柱苟且旦暮。先生曰：'教化之原，可一日缓乎？撤，新之。'首登讲席，邑之大夫咸会。诲之曰：'国家设科目欲求真贤实能，其理天下，设学校亦欲教养真贤实能，使进于科目，非具文而已。然士应科目、处学校，往往取经义诗赋论策耳。善为是，虽士行扫尽，无害于高科，他何以为持此心读圣人书，不惟大失圣人开明学者之意，亦大失国家教养之意。人性至善，人性至灵，人性至广，至大至高至明，人所自有，不待外求……敢先以告，每谓教养兹邑，犹欲使举吾邑人皆为君子，况学者乎？诲之，谆谆不倦，划除气息，脱落意蔽，本心自无恶。'其言坦易明白，听之者人人可晓，异时汩于凡陋，视道为高深幽远，一旦得闻圣贤与我同心，日用平常无非大道，而我自暴自弃，自颠冥而不知，有泣下者，入斋舍昼夜忘寝食，远近为之风动。"这段记述使杨简的教育实践生动地呈现在我们面前。

慈湖讲学

六十三岁时，杨简筑室德润湖，并改名慈湖，讲学于此。钱时在《慈湖先生行状》中说："筑室德润湖上，更名慈湖馆，四方学者于熙光咏春之间而启迪之。"杨简曾有描述畅游慈湖诗多首，其中有一诗曰："惜也天然一段奇，如何万古罕人知。只今讲学从游地，一听思为一听疑。"当年师生一问一答、自由争论之景象跃然眼前。

亭馆讲学

沈文彪景仰杨简学问，便筑亭馆邀请杨简讲学。根据《戴良鄞游集沈明大墓志》记载，沈文彪的学问古奥、行为峻峭，与杨简成为忘年交，曾出资建造亭馆，邀请杨简讲学，杨简很乐于讲道亭馆。

温州讲学

杨简任温州知县期间（具体时间不可考），曾大力兴办教育、建造学堂。《嘉靖浙江通志》说："温州永嘉县慈湖桥，郡守慈湖先生立乡校于此。"为了使学者不误入歧途，不偏离心学的教育方向，杨简曾改养源堂为永堂。《乡记序》则记载了杨简任温州知县时讲学的大致情形："杨某深信人性皆善，皆可以为尧舜，特动乎意则恶。日用平常实直之心无非大道，此固不可得而书。今姑仿周官，书其敬敏任恤，书其孝友睦姻，有学邑官之贤者，与主记之。贤士又能书其德行道艺，则尤其善者书善不书恶，其敬其审，某能与四邑之士夫军民共由斯道。"由这段话可以看出，杨简在温州讲学所坚持的是心学方向，所讲内容是儒家道德仁义，其教育方法平易近人，可与知识分子、军人、老百姓共勉，同为传播儒家之道而努力。

四、教育彰显人性

通过对杨简教育思想、教育方法、教育实践的考察和分析，我们对杨简教育事业的特点和风格有了较切近和真实的把握。

"升华自我"的教育追求。所谓"升华自我"，就是说这种教育的目的是使受教育者提升自我、完善自我。从教育立场上看，杨简的教育事业是站在心学立场上展开的。

心学理念中有一个基本预设，那就是人心自圣、自善、自神、自灵，因而在杨简这里，培养理想人格的过程就是致力于启发人心之善的过程，教育目标就是使人人知晓并持守"我即圣"，从而使个体之善彰显于外。

徐时栋对杨简教育事业培养人格的宗旨认识是很有见地的，他在《慈湖弟子考》中指出："杨简之学，以诚明、孝弟、忠信为主，而尤善提醒人之本心，谓道心大同，圣贤非有余，愚鄙非不足。"就是说，杨简的教育事业是以开掘、凸显自我善性为目的。

杨简也曾对自己以"立人"为核心的教育事业之成绩感到无比欣慰。他说："一二十年以来，觉于道者渐多，古未之见，幸多笃实，吾道其享乎!"作为一位老师，有什么比培养众多优秀学生感到更幸福的呢?

这种"升华自我"的教育追求首先表现在杨简自己身上。他一生致力于教育、教化实践，也就是完善自我、升华自我的实践，这是一个不断提高自我精神修养和道德境界的过程："彼有勇则知己之懦弱，有耻则所学未有不成。学者行己足矣，无求于外。"这就是说，有"勇敢气概"为对照便知道自己的孱弱，有"廉耻之心"为对照便知道自己的渺小，所以，每个人能将自己做好就够了，并不需要求索于身外。这正是杨简致力自我德性培养的真实写照。

其次表现在杨简教育学生的实践上。我们看到，不管哪个学生问问题，也不管问的是什么问题，杨简提供给学生的众多答案中都不离开一个"心"字，要求学生体悟"心之精神是谓圣"的深刻而微妙的内涵，教导学生自心本善、本灵、本圣，不需外求，不求归宿，不能起意，不应放逸，存养自我即是大道。

"依自不依他"的独立精神。在学习上，独立思考是非常重要的，孔子曾说"学而不思则罔"，光顾学习而不独立思考则会迷惘。令人高兴的是，崇尚独立思考也是杨简的教育风格。

其一，对经书的分析态度。杨简很重视教人读书，但反对迷信于经书。他教育学生在经书面前要立足自己，独立思考。他说："善学易者，求诸己，不求诸书。古圣作易，凡可以开吾心之明而已，不求诸己而求诸书，其不明古圣之旨也甚矣!"

就是说，在书本与本心之间，读书人更应该常常反思的是本心，是自己。就《易》而言，古代圣人也不过是为了使人之

"本善之心"彰显出来才写这本书，因此，那些忘记自己而迷恋书本的人实际上就没有搞懂古代圣人写这本书的旨意。

其二，对先圣不足的批评。杨简认为，孟子所谓"存心养性"之说，有分心、性为二的嫌疑，它可能导致学者学习时舍本求末。他说："性即心也，心即道也，道即圣，圣即睿，言其本谓之性，言其精神思虑谓之心，言其天下莫不由谓之道，皆是物也……孟子有存心养性之说，致学者多惑心性为二，此亦孟子之痴。"

杨简与其师陆象山都非常推崇孟子，以孟子继承人自居，但杨简仍然对自己不赞成的部分提出批评，这是难能可贵的，是其独立精神的体现。

其三，独立自造成就学业。就杨简自己而言，在他老师陆象山之后能倡心学于四明（今浙江宁波地区），并成为象山弟子中著述最丰、学术成绩最大、影响最广的心学大师，完全离不开其学业上的独自创发之精神。

杨简同里暨学友袁絜斋（和叔，1144~1224）说："自象山既殁之后，而自得之学大与于杨简。其初虽有得于象山，而日用其力，超然独见，开明人心，大有功于后学，可不谓自得之学乎？"

"自得"是心学的一个重要特征，陆九渊就强调学问不能依傍他人、不能依傍书本、不能依傍先贤，要靠自己去体悟、去钻研。按照袁絜斋的评论，杨简在心学方面的成就与他独立地学习、独立地思考、独立地创造，是分不开的。

杨简教育学生不要过分迷信书本，要有自己的独立思考；不要过分崇信先圣的言论，要有自己的辨析；不要因循守旧，而要善于创造和超越。这就是杨简"依自不依他"的独立精神在教育上的表现。

"教学相长"的平等作风。作为先生的杨简，在学生面前从不高高在上，从不故弄玄虚，而是真诚相待，耐心开导，相互激励，彼此启发。以下是从《慈湖先生遗书》中摘录的杨简与弟子汲古答问情形，"教学相长"之平等作风尽在其中矣。

其一，杨简对学生汲古说：孔子曾说，我的某些学生以为我在学问上对他们有所隐瞒，其实我没有什么隐瞒的啊！我没有一点不向学生们公开的，这就是我孔丘的为人啊！你觉得这话怎样？

汲古回答说："道"与圣人是一体的，圣人在"道"即凸显，哪有什么可隐瞒的呢？眼看、耳听、口说、体动，无一不是教化民众的素材。比如，孔子说，我没有什么好讲的，子贡就说，先生你如果什么都不说，我们学生还阐述什么呢？孔子回答说，天说了什么呢？春夏秋冬四时兴替，宇宙万物自生自长，天说了什么呢？这就叫"天虽然不说话，但并没有隐瞒什么啊！也叫天有春秋冬夏、风霜雨露，但都是很好的教化素材啊"！

杨简听完汲古的回答赞不绝口：太妙了，太妙了！

其二，杨简对学生汲古说：孔子曾说，君子只有做到性情随和而又不随波逐流的，才是真正的强！你如何看待这句话？

汲古回答说：子路问什么是"强"，我不知道孔子为什么作这样的回答，请先生指点。

杨简说：如果不知道什么是"强大"，自然也就没什么；如果知道什么是"强大"，而不去学习使自己"强大"，更不能将自己所知道的"强大"付诸实践，那是相当危险的，这已经堕入小人的范畴了……孔子哭颜渊，发现自己的过错而自我反省检讨。这些事都是应该努力去做的。

汲古听完杨简这番话似乎很受启发，急切地对杨简说，您的意思就是说，不萌发意念便是君子，坦坦荡荡而没有一毫杂念，如果萌发意念便是整天忧心忡忡、愁眉不展而无片刻宁静的小人。

杨简听后高兴地说，你的悟性真是进步神速啊！

其三，杨简对汲古说：孔子曾说"克己复礼为仁"，你懂得这个话的意思吗？

汲古回答说："克"就是克尽自己私欲的意思，然后天理浑然全体呈现，所以叫作"仁"。我所知道的就是这些，还望先生赐教。

杨简说："克"字有两种含义，一是"能"的意思，二是"胜"的意思。左氏《春秋》中说楚灵王不自克，接着以孔子"克己复礼"的话作为佐证，这就叫作屡空之学（只求减，不求增），虽然没有做到不犯任何过错，但所犯过错也已经是微乎其微了，又何必要等待克服以得胜呢？而《诗》《书》所记载，大多释"克"为能，何况这里孔子又接着说了"为仁由己"，显然没有"胜己"的含义。

杨简接着说：伟大啊，这个"己"字！从孔子到今天已经一千余年了，懂得"己"字含义的人还真不多啊！"己"本来没有任何过错，它与天地为一体，它既能范围天地，也能发育万物，不仅圣人能如此，人人都能如此，尧舜与普通人是一样的，孔子说"心之精神是谓圣"，孟子说"仁即是人心"，道就是我，何劳向外求索？我就是道，何必还要求索呢？颜回劳顿于刻苦钻研，上下探索，是舍本求末，因为他总认为道不在自身而在身外。孔子于是教给他"至易至约之道"，这个"至易至约之道"就是能使"己"恢复符合礼，能使"己"恢复符合礼就是仁了。礼也不是身外之物，礼是每个人本来所具有的，而人本来具有礼就意味着每个人的心有了安放之处。所以，所谓恢复，就是恢复我们每个人本有之理而已！其实是没有什么可恢复的啊！因为"己"足以范围天地，那么天下万物怎么能不归"仁"呢？孔子还曾教导说，为仁道完全在于自己，而不在于别人，颜回对此虽然有所领会，但还是怀疑其中存在诸多条目之事。孔子由此又教导颜回"非礼勿视，非礼勿听，非礼勿言，非礼勿动"，所以说，大千世界，不过一"礼"字而已，没有别的什么事啊！

杨简继续说：颜回"仰之弥高，钻之弥坚，瞻之在前，忽然在后"之说，表明他这个时候还没有觉悟，只是后来他向孔子问"仁"时，才开始觉悟。

汲古听完杨简的解释，佩服得五体投地：先生讲得太妙了！我终于理解颜回的学问不足在哪里了！也终于理解先生的学问的精髓了！

可以说，如上三段对话尽显"教学相长"的平等作风。

在提问方式上，老师与学生具有同样的权利，学生自然可向老师提问，而老师也可向学生提问。

在面对答案上，师生相互真诚对待。无论是杨简的提问和答案，还是汲古的提问和答案，师生二人都能真诚地对待，从不随意地否定对方的答案和提问。

在对待批评上，师生二人也都能坦荡面对。汲古对杨简的指教、批评持一个非常虔诚的态度；而作为老师的杨简，对学生的提问和批评，都持客观的态度，该批评就批评，该接受就接受，从不压制、否定学生的观点。

因此说，杨简的教育实践的确体现了其"教学相长"的平等作风。

第3章

治政理念与成就

　　杨简一生中官职虽然不大，似乎也很少做有实权之官，然而他基本上终生以官为伴；更可贵的是，杨简在位时，提出了一些具有特殊意义的治理国家的理念，也提出了一些既有实效又具普遍意义的政论，并创造了辉煌的政绩。可以说，在儒家学者从政史上，杨简是很值得称颂的一位。

一、做官为民办事

　　杨简的确没有做过什么大官，但他做官时间之长、任官职位之多，却是很少见的；而且，杨简的为官风范，足以称得上圣贤气象。

　　杨简考中进士，即被任命为富阳主簿（相当于今天的县政府办公室主任或秘书长）。富阳这个地方经济发达，当地人只知道赚钱、做买卖，而对于读书、做学问毫无兴趣，对于道德教化更不重视。这种状况对于儒生杨简而言，自然是难以接受的。他决心改变这种重商轻文的风气，便采取措施，兴学养士，使问学重德的风气在富阳这个地方慢慢振兴起来。

　　后来，杨简出任绍兴司理（判官，掌握狱讼）。他十分谨慎，凡事必亲自考察审核，以便获得事情的真相。他严于律己，唯理是从，秉公办案，执法如山，不媚上司，一身正气。

有一次，一官员因小事触怒了元帅，元帅便命令手下捉拿审讯。杨简认为这是无罪审讯，就公开说：不管什么级别的官员，如果有过错，都是不能豁免的，但今天所要审讯的官员，的确没有犯罪，对没有犯罪的人随便捉拿审讯，我杨简不敢奉命。元帅听后怒不可遏，杨简则对天长叹：这种事也可以做吗？便甩袖回家以示抗争。元帅最终屈服于杨简。

杨简四十一岁时，与知识界名流薛叔似、陆九渊、陈谦、叶适等十五人得到宰相史浩的推荐，为都堂审察，并排名第二。

朱熹任两浙东路常平仓茶盐公事时，杨简在他手下做事。一次，一年轻后生匆匆跑到朱熹这里告状，说他母亲与别的男人私奔而使其家业破落。朱熹听罢很气愤，便派杨简处理此事。杨简了解后，却以儿子告发母亲不符合孝道为由拒绝。朱熹便跟杨简说，做父亲的死了，做母亲的不顾儿女而与他人私奔，并导致家业破落，这种人不加以惩办，那个做父亲的不被冤死了？这符合孝道吗？经朱熹这一点拨，杨简便不假思索地去处理这件事了。

杨简任浙西抚属，统领三军将士，治军以恩情、诚信为上，崇尚诸葛亮正兵之法，并以之训练士兵。由于严肃的纪律和得当的方法，收效立竿见影，使军政得到极大改进。

杨简曾被任命为嵊县知县，因父亲杨庭显去世而未能赴任。不过，嵊县的百姓将杨简看作著名的贤官，在县城西北一里处建有杨公桥，就是为了纪念杨简而得名；而县城北门内桃源坊设有慈湖书院，这个书院还是明代嘉靖年间的一个叫吴三畏的知县为纪念杨简而建造的。可见，杨简作为一位著名的贤官，其影响是深远的。一个人被任命到某地做官，但因故未能赴任，当地人民还如此纪念他，敢问当今还有此人此官乎？

杨简五十二岁时转任乐平知县，先后在匡正社会风气、战胜自然灾害、改善百姓生活、传播心学道术等方面作出了突出贡献。杨简刚到乐平，便发现这个地方的学宫都破旧不堪、摇摇欲坠。杨简对当地人说，教化的基础设施是不能没有的，教化的工作是不能片刻停止的。随后他展开拆旧建新的工作，并亲自登台讲学。一时间，县内的士人、大夫、群众都纷纷聚会，来听杨简讲说。

杨简在演讲中说：国家设科举考试，目的是寻找贤能之才，以治理天下；国家设立学宫，目的是教育培养真正的贤能之士。因此，让人们进入科举考试，并不是为了文饰。然而，如果学者仅仅是为了应付科举考试，沉迷于取经义诗赋论策，抱着这种心态读圣贤之书，不仅大失圣人开明学者之意，而且也大失国家教养之意。

杨简继续说：人心是至善、至灵、至高、至明的，这个"心"是人天生自有的，不待外求，不待外学，就好比孺子掉入井里，看到的人没有不生恻隐之心一样，这就是仁义之心，就是良心，可是，当我看到这个良心被贪利禄、患得失者所熏灼时，很是痛心。因此，我致力于教化工作，是为了让这个县的所有人划除气习、脱落意蔽，并最终成为君子。

杨简的演讲坦荡明白，人人可晓，听者无不为之动容，甚至有人因感动而哭泣。自此以后，群众纷纷来到学校学习，废寝忘食，影响达数十里之远。

上任不久，杨简便跑到底层体察民情，了解民生，结果听说乐平境内有杨姓、石姓两位年轻人长期为非作歹，恫吓官府，残害善良，可有些官吏竟利用这两个无赖为其鹰犬、爪牙，到处为害，没有人敢惹他们。有一次，这两个无赖欺负别人之后，竟然像狂吠的狗一样大摇大摆地来到府上。

杨简端坐高堂，愤怒地看着两个无赖，并立即吩咐手下将二恶少逮捕下狱，先进行拷打，让他们饱受皮肉之苦，再教育他们明白什么是祸福利害。经过杨简的教育，两位年轻人终于感悟，愿意自我救赎，从此再也不残害善良，再也不到官府捣乱。而全县人民也因为这件事受到教化，以诉讼为耻辱，夜晚也不再有盗贼出现，路上掉的东西也没有人捡拾据为己有。

绍熙四年的夏季至秋季，整整六十余天，乐平这个地方没有下过一次雨，全县干旱，庄稼枯萎，粮食遭受巨大损失。

杨简看在眼里，急在心头。让他最忧心的是，这种灾害将导致盗贼蜂起、社会不安。他一方面向民众讲解聚民之政，从思想上稳定民心；另一方面采取具体的措施，比如卖出、买入、救济等，依次推行。如果全县都没有粮食卖出，就动用民粮；如果全县都不能借进任何粮食，就动用仓库；如果全县拿不出粮食救济百姓，就从上供佛祖的供品中解决。这个措施一推行，还真产生了效果，虽然遭受饥荒却不至于产生大害。

因为是灾荒年月，什么事都可能发生。比如，老百姓路过荒无人烟的山路，那些亡命之徒就利用这个机会实施抢劫。杨简认为，这种人如果仅仅是给他断刺，他还会再做盗贼；如果是将他发配边陲，他又会逃回来重操旧业；如果断了他一根足筋并当街示众，效果会最好。杨简命令下属割断盗贼的脚筋，并当街示众。结果全县肃然，无人再敢做盗窃之事。有评论说，这种方法虽然苛刻、残暴，但却符合周公"荒政岁月除盗"的理念。从今天的分析看，可以认为是杨简在治理国家问题上对法家思想的吸收，不过这也仅仅是特殊情境下的策略。

杨简五十四岁时诏为国子博士，离开乐平之际，当初的无赖杨、石二人率群众相随杨简，号啕大哭，称杨简为父亲，久久不忍离去。

一年后，杨简与李祥等为赵汝愚申辩，结果被罢黜。在庆元党案中，杨简表现出了一位真正儒者的气概与精神。韩侂胄为了打击政敌，捏造罪名，指责赵汝愚姓赵，对赵宋政权不利，应该罢相。杨简感到好笑又愤怒，他号召众臣联名为赵汝愚申诉，但大家怕受牵连，还是迟疑。在这种情境下，杨简挺身而出，并表示大不了拼一死，上书皇帝，明白告诉皇帝，杨简与赵汝愚的主张是一致的，赵汝愚不可能事事十全十美，但天下人都知道他是个忠臣。现在赵汝愚已经死了，死者不可复生。因此，今天的抗辩不是为赵汝愚，而是为正义。但遗憾的是，皇帝听信谗言，杨简不久遭斥。不过，这样反而激起众臣、诸生的愤怒，他们各个情绪激昂，为杨简抗辩，但先后都遭到贬斥。杨简舍生取义、杀身成仁的人格境界由此可见一斑。

杨简六十岁时，又因为上书声援赵汝愚，被调任无实权的崇道观，后又任朝奉郎。

杨简六十八岁时，先是被授秘书郎，再转朝请郎，后改任秘书省著作佐郎兼权兵部郎官。其间他大力宣讲治理国家的根本和消灭自然灾害的道理，成绩显赫。就在这年，杨简还向皇帝上了三个奏折，这三个奏折反映了杨简的人文关怀。

第一份奏折云：皇上，您不知道都城之外有因为饥饿而抢劫店铺的事吗？您不知道有人因为无法生存下去而将子女沉落江中的事吗？更让人伤心的是，都城之东有个妇人，非常同情她舅姑生活的窘境，愿意卖身换取物资；可是，姑姑听说后感到无地自容而自杀，舅舅知道姑姑死后也自杀，他们的儿子回到家得知父母都已死亡，绝望至极而自杀。而让人惨不忍睹的是，竟然有人因为没有食物充饥而将自己的小孩煮着吃。至于淮水流域老百姓的苦难，也是触目惊心啊！妻子吃丈夫的尸体，弟弟吃兄长的尸体，父亲吃儿子的尸体。

皇上！这些事情就发生在您的眼皮底下啊！您是天下百姓的父母，竟然有这种灾难发生，难道不是您手下大臣们的罪责吗！恳请皇上急召大臣，与群臣详细商讨，内外有多少财赋被贼吏贪污，有多少财赋被用于送迎搞关系，有多少财赋浪费在科举考试之中，各大军旅中虚籍又有多少，把这些被浪费的钱用在救济灾民上，这才是皇上您应有的英明大德啊！如果长此以往，必将导致官民结怨，国家难安啊！

第二份奏折云：皇上，当今的守令，大多昏庸不理政事，他们唯胥吏是从，大多以私利为图，办起案子来颠倒黑白、混淆是非，使得老百姓饮恨含冤无处申诉。已经交纳二税的民众却被追拿，而且刑讯逼供，迫使老百姓或欠债累累，或变卖家产，甚或卖妻子和小孩。

皇上请想想，民情到了这种地步，积压在他们心中的怨恨有多深啊！今年又遭旱蝗之灾，郡守不肯免除租税，侵害百姓的弊政不可胜数，这都是没有选择贤能之才的原因啊！官府以贪污为常事，公开或偷偷索取，相互送礼，最高送一千缗，这都是从国库中支出的啊！过生日送礼，儿子生孙子送礼，子弟间相互送礼，可是，当今国家最急的事就是因为财源匮乏而束手无策啊！但是，如果任用贤能之才，官库就不会发生公开或私下索取财物的事了，这样，我们的财赋就用之不尽了。

然而，元凶胆大妄为、肆无忌惮，小人得志，风俗大坏，现在虽然部分嫌犯被诛杀，但余风未灭。皇上您应该从速认真计议，不要听信士大夫们的庸庸苟且之论。我自从知晓学问以来，对治务比较熟悉，思来想去，感到只有一种策略能解燃眉之急，那就是每路选择一位贤能监司，使监司各自招聘本路郡守，郡守招聘县令，县令又各自招聘他们的下属。先选用本籍人，本籍没有合适人选，再考虑外籍中优秀的人，既然得到贤能之人就坚持长期任用，那么万事都可成功，不能选择贤能之人，那将万事皆废啊！

皇上您下达圣旨，让天下人知道为仕做官之路完全根据自己的实践和品行，废黜虚文。那么，人们便能舍恶从善、舍伪从实，腐吏奸员立即扫除，老百姓将兴高采烈，国家财源将丰盈富足，人人孝敬，家庭和睦，社会稳定而祥和，这样就有望复兴尧舜禹三代之盛世啊！

第三份奏折云：古代六军，军将都称为卿，如今诸将全部从事武勇，既不熟悉古代圣王的训典，也没有实践过诗书礼乐之实德，因而将各军能力稍稍估计一下，不过是射刺击战的士兵而已。

皇上您应该精选文武兼通的儒者，以尹正之训教导他们，犒赏军队中的尽孝、尽忠、扬善的士兵，那么，就可使罪恶之人潜移默化，祈祷上天永远赐命，巩固国福如泰山。而且，殿司不能统军太多，应该分出小半，分配给各个司马，这样可以使军力平衡，并且可以防止后患。

这三份奏书的影响广泛而深远，当年有这样的描述："三箚恫切，上数俯首谛视，至读饥民相食处，蹙额久之。人争传诵，流入北境，见者辄雪涕举两手曰，此江南杨夫子也。"

宋宁宗嘉定二年（1209），宝刀不老的杨简任兼考功郎官，兼礼部郎官，授著作郎、将作少监。他上书言如何消灭蝗虫之害。杨简直言，旱灾蝗虫的根本原因就在人心。杨简认为，天人是有感应的，如果地上的人坏事做绝，比如奸臣当道，流言四起，不忠不孝，那么上天就会以灾异警告。

翌年杨简又任国史院编修、实录院检讨官。他提出罢妓籍、敬贤士的主张。他接受皇帝的召见，与皇上对谈了一个时辰，在告别时，皇上久久以目相送——"先生曩日尝口奏陛下：自信此心即大道乎？上曰：心即是道略无疑。贰之色间日用如何？上曰：止学定耳。先生谓定无用学，但不起意自然静定澄明。上曰：日用但勿起意而已。先生赞：至善至善，不起意则是非贤否自明。此日复奏陛下，意念不起，已觉如太虚乎？上曰：是如此。问贤否？是非已历历明照否？上言朕已照破。先生曰：如此则天下幸甚。问答往复漏过八刻（两个小时），先生出，上目送久之。"

杨简年逾七十后力主修复温州的社稷祭坛，并告诉官员、百姓，做县令最重要、最先做的事，就是保护好社稷。

这一年，有走私盐贩五百多人过境永嘉县，司干官、永嘉尉及水兵得到这个消息后，便逮捕他们，而且没有向郡守报告。杨简听说此事后十分惊讶：那还得了？五百人加上家族足有两千人，万一弄不好就招致大乱，给朝廷带来隐忧；而且，兵权应该掌握在郡将手里，违反这个规定随意派兵，是对皇帝权力的不尊，是违背皇帝的命令，当斩！后因为多人求情，才得以释放巡尉。

杨简七十二岁时，皇帝遣使至杨简处，杨简以礼待之。

这一年，杨简离任，迁驾部员外郎，东嘉的老幼男女夹道相送，泣不成声。——"简在郡廉俭自将，奉养菲薄，常曰，吾敢以赤子膏血自肥乎？闾巷睦无忿争声，民爱之如父母，咸画像祀之。"

七十三岁时，杨简迁军器监兼工部郎官，转朝奉大夫，兼国史院编修官、实录院检讨官。

七十四岁时，杨简转朝散大夫。这一年，金国遭受特大饥荒，逃难到宋的灾民日以数千万计，可是边疆的军吏竟然凭据淮河用箭扫射他们。杨简忧心地感叹：得土地容易，得人心却难啊！四海内外，都是我们华族的子孙，中土故民从涂炭中逃出，投奔慈祥的父母，却因为吝啬一点点粮食而迎杀他们，祈求逃脱死亡反而招致更快的死亡，真是造孽啊！这难道是上帝安抚四方的王道吗？他当即上奏，哀痛诉说，但无人听之。

七十九岁至八十五岁时，杨简先后升直宝文阁，主管明道宫；除秘阁修撰，主管千秋鸿禧观；授朝请大夫，右文殿修撰，主管鸿庆宫，赐紫衣金鱼；进宝谟阁待制，提举鸿庆宫，赐金带；进宝谟阁直学士，赐金带；转朝议大夫，赐慈溪县男，寻授华文阁直学士，提举佑神观，朝廷多次下诏任用，杨简屡辞不就。

八十六岁时，授敷文阁直学士，累加中大夫，仍提举鸿庆宫，寻以太中大夫致仕，去世时，赠正奉大夫。

如上即是对杨简为官实践的一个简要梳理，根据这种梳理我们大致可以作如下推论。

杨简做过的官种类繁多，涉及文、武、法、政等方面，而以文官官职最多最大。杨简做官时间特别长，虽曾因赵汝愚事件被罢，但后来官仍然越做越大，直至去世。杨简为官严谨务实，正直敬业，执政为民，成绩卓著，赢得人民的广泛爱戴和赞赏。杨简善于在政治实践中贯彻自己的学术思想，做官时所作所为，处处都体现出其注重践履、讲究实效的心学精神。

二、治政由心开始

儒家政治理想即是"德政"或"仁政",所谓"道之以德,齐之以礼,有耻且格",所谓"为政以德,譬如北辰,居其所而众星拱之",所谓"天子不仁,不保四海;诸侯不仁,不保社稷",以道德教化治理国家成为儒家政治思想的主要特色。杨简承继了这一治政理念,又有所创发。这种创发就是将忠、信、孝、悌诸般道德归为一心,所谓"孝弟忠信乃心之异名,力行学文乃心之妙用",从而使"德政""仁政"变换为"心政"。

"心政"之依据

由"心"出政,"心"正则"政"治,这是杨简心学思想展开的内在逻辑。具体而言,杨简由两个方面说明了其"心政"存在的依据与价值。

其一是从心性方面来说。在杨简看来,人心是至善至灵的,这种至善至灵的心是很容易被感化的。他曾对人说:我说人心容易被感化,是因为人性天生是善的。我当年治理乐平的时候,政事基本上和平常没有什么差别,偶尔施行一些政策时,人们都能积极地接受,而且,他们的心都向着善的方面,由此可知人心是容易被感化的,所以,那些认为民众不可化的观点是没有道理的。

杨简进一步说,由于人性本来就是善的,而人心都具有仁爱之性,所以,人在面对父母时便自然产生孝的情感,面对君主时便自然产生忠的情感,面对天下事时便自然产生是其所是、非其所非、善其所善、恶其所恶的情感,这就叫天下人共有的"心"。正是立足于容易被感化的自善自灵之"心",所以人的外在言论、行为便有良好的表现,守道的、太平的、繁荣的国家也由此出现。

其二是从先圣教诲方面来说。孔子、孟子虽不直言"心政",但杨简认为,孔子、孟子政治观念中具有导引"心政"方向的内涵和根据。

杨简说,孔子曾经讲过,政治这个东西,就是一个"正"字,如果一个人自己的行为举止端正,做事一身正气,谁敢不正呢?孔子还说过,如果皇帝自己行为举止端正,做事一身正气,他就是不发命令,人民也会自觉行动;相反,如果皇帝自己行为举止都不端正,做事苟且徇私,他就是不断地发布命令,人民也不会理睬他。因此,道德、孝悌、神明、克艰等品性,只是名称不同而已,其实都是一个东西。

杨简又列举孟子的话说,"仁"就是人心,也就是恻隐之心、羞恶之心、恭敬之心、是非之心,每个人都先天地拥有它,而孟子所讲"齐王以羊易牛之心"可以称王,都说明治理国家成功与否完全出自人心。

这样,在杨简的观念中,孔子已将仁、义、礼、智、忠、孝、诚、信、惠、敏诸般道德视为"一",孟子则明确说"善(仁)心"足以称王。如此看来,杨简"心政"并非无根之木,而是有源之水。

"心政"之表现

杨简"心政"理念的本质,就是认为"善政"源于"善心",换句话讲,治理政事就是治理人心,治政以治心为前提。那么,采取怎样的措施,才能做到"治政"必以"治心"为前提呢?杨简至少给我们展示了三种表现。

第一,政以合心而立。政治制度、颁布的政令,它的正确与否,它是否能够推行,它能否为广大民众接受,杨简认为只要"合心"即可。为什么这样说呢?

杨简指出,人心就是道心,心是恒常不变的,所以,合乎天下之公心而为政、为事,那么,它的政权可以长久存在下去，它的事业也可以长久地发展下去。反之，它的政权不可能长久存在下去，它的事业也不可能长久地发展下去。也就是说，一个国家的制度、政策，一个国家所从事的事业，要想长治久安，想长期繁荣，它的前提是合乎"天下之公心"。

在杨简这里，"善心"与"公心"结合起来，所谓"善心"乃"天下之公心"，是杨简"心政"理念值得注意的特色。因为它似乎使杨简的"心政"具有了民主性色彩；而由现代政治学考量，不符合"公心"的政治制度、政令，怎么可能成立？怎么可能推行呢？

第二，治灾先治人心。在中国古代，治理国家当然包括自然灾害的防治和救赈，就是说，如果按照杨简的说法，治理国家是以合乎"公心"而成功，那么，治理自然灾害也要以符合"公心"才能成功的。此外，杨简认为，自然世界与人的社会是相通的，自然灾害与人的心灵具有感应关系。这样，将自然灾害的治理归结为对人心的淬炼也就显得非常自然。

具体来讲，大千世界，本气太和，安睹乖厉，民物纷纷，意欲焚焚，纷争攘夺，情为万状，为奸为忠，为悖为乱，感动上下，愆错阴阳。杨简认为，从根本上讲，这都不是天所能做到的，而是人的错误造成的，是民心不善造成的。因此，只有通过斋祷，唤起人民的诚敬之心、恭敬之心，再通过诚敬之心、恭敬之心治理好天下，便可以通向皇帝的意念，可以祈祷雨水的到来，可以达到天地万物为"一"。

这就是说，自然的赏罚完全取决于人心之善恶诚否。人心不诚不敬，则必遭到自然灾害的惩罚；反之，则会受到大自然的眷顾而赏赐丰年。

杨简由天人之关系角度观察自然降灾于人的原因，从而提出治理人心、由人心转向道心的必要性。这种思路一方面表现了杨简朴素的生态意识，可引起人们深入思考人与自然之间的微妙而复杂的关系，从而提示人类树立善待自然的态度；另一方面表现了杨简对人的精神（人心）影响具有深刻的理解，从而提出护养人心的主张。

但从具体的实践言之，将天灾解释为人心不善所致从而不采取其他实际的救灾措施，恐怕天灾不会因人心之正而消匿。也就是说，治灾归为治人心虽然是智慧的，但却是不够的，还要将这种"心"诉诸相应的实际治灾行动。

第三，民治以君心为要。民众是政治的主体，治政自然包括治民。就个体而言，自我之心是心；就国家而言，君心才是一国之心。而按照杨简的逻辑，"心"圣则万物顺通，"心"正则万民公正，因此治民先要治君心。

杨简说，治理天下的道理、根本就在于皇帝一心。正如《尚书》所说，如果皇天上帝降善道于天下黎民，并使其成为生存的恒性，能稳妥地制定礼法，那就是国君的方法，其他所谓礼乐刑政都只是维持此事而已。

但是，一般士大夫不能理解到这个意思，所以不能认识礼乐刑政的根源在哪里。因此，礼、乐、刑、政的存在状况，善与不善，甚至丧失，其根本原因在于失去了上帝赋予君主治理万民之本职，在于丧失了应有的"君心"。

杨简进一步说，美德存于人心，每个人都拥有它，并不是说只有君主才独有这种德心。圣人以他的智慧和关怀体察天下人之心，天下人共有的心就是美德，就是善。既然是天下人所同有，自然可以说是天下人同此一心、同此一机。而这个心又是圣人以他的智慧和关怀从天下人那里体察到的，那么完全可以说，治道之关键，自然归于皇帝一心。

因此，杨简认为，只要抓得"君心"这个大纲，就可纲举目张，其他事一应而解。具体言之，国君自己品行端正，全国人民就会效仿，国家就可以安定，选举任用之事也就自然明晰顺畅，教化万民、改善民俗之事也就自然贯通运行。

君心秉承了上帝的智慧（命令），这种智慧即是"心之所同然"，也是"治道之机"。可见，杨简"治民先治君心"观念中包含着两种含义：一种是对天帝意志的秉承，另一种是对万民心愿的体察。君心是沟通天帝与万民的桥梁，此"心"之重要自不待言。仅就政治目标看，它是一种治纲张目的政治策略；而就道德理想看，它又是一种由仁怀远的道德关怀；其共同价值追求是"内圣外王"。

"心政"之要点

我们知道，杨简"心政"的根本内涵与孟子的"仁政"是一致的，就是说，"心政"也是以德行政，也是把自善、自圣、自神的"心"作为行政的根据。杨简对此有具体的解说。

他认为，政治上的事情如果不是出于道德而为，就不能叫作德政；不叫德政的政治作为，必将导致社会的危乱。具体说，如果法令不是出于道德，那么将遏制人民之善，反而滋长人民的不善；如果礼乐不是出于道德，那么将不足以引导民心归正，反而起民心之伪；如果选贤举能不是出于道德，那么贤能的人就会说"我既然是无德的，也就不知道究竟什么是有德了"，便以贤为不肖、以不肖为贤；如果赏罚不是出于道德，那么即便是奖赏也只是行一人之私喜，罚也只是行一人之私怒；如果兵财不是出于道德，那么必将导致将帅腐败而士兵怠惰。因此，如果一国之君无德而想把政事办好那是不可能的。

这样看来，"德"这个东西是多么地神秘，又是多么地伟大啊！天靠它才能覆盖大地，地靠它才能承载万物，日月靠它才能光芒万丈，四时靠它才能交替运行，万物靠它才能获得生命，君主靠它才得到尊敬，臣子靠它才知道卑位，父亲靠它才得以行慈，儿子靠它才得以行孝，家庭靠它才得以齐睦和谐，国家靠它才得以长治久安。

所以，"德"无所不通，无所不能，而所谓孝、悌、忠、信、仁、义诸般道德乃"心"之异名，因此"德"之无穷力量源于"心"。这就是杨简的"心政"理念。

既然"德"对于"心政"是如此地直接同一，那自然不能只表现在理论上，还应该表现在实践上，表现在具体做法上，也就是说，"心政"还需具体的"德行"以落实之。杨简对此也有特别提示，这里列举一二。

"克艰"的德行。"克艰"最早在《尚书》中出现，所谓"后克艰厥后，臣克艰厥臣。政乃义，黎民敏德"。大意是：君主能够认识到做君主的艰难，臣下能够认识到做臣下的艰难，政事就能够治理好，民众便勤勉于德行。

由此可提出两个意思：其一，"克艰"是一包含了诸多优秀道德品行的范畴，因为所谓做君主的艰难、做臣子的艰难，如果没有许多道德上的要求怎么会艰难呢？其二，对"克艰"有所认识并有所行动，可以造就良好的政治秩序和善良的国民，因而"克艰"应该是包含了诸多美好的德行。

也许因为"克艰"内在地隐含德行，到杨简这里便自然地成为一种明确的道德要求了。杨简说，"克艰"这个东西，就是"不放逸"的意思，而"不放逸"就是"不昏"的意思，如果能做到"不昏"，那么本善、本明、本神的心就无所不通、无所不治、无所不能，一切都将变得非常简单。

"不放逸"是指一种清醒，有了这种清醒才能脱离"想"，才能"无欲"，才能感到清新，从而谨慎取舍。可见，这个概念是从佛教那里借过来的。在杨简看来，"不放逸"就从根本上解决了一个人的心理问题，使人不会为外物所拘役，不会有任何滞碍，不会有任何负担。因此，"克艰"在杨简这里已是一种经过艰苦修为而达到的德行。

拥有了这种德行，自然是无所不通、无所不治、无所不能。因此，帝王之德并没有什么特别的，也就在"克艰"二字。帝王拥有了"克艰"之德，便可使政事的治理很好，以政通人和，使民众勤勉于德行，以移风化俗，使民间不会漏掉贤能之才，使天下太平。

总之，"克艰"是保持心本善、本明、本神之前提，也是做事无所不通、为政无所不治之前提。作为这种前提的"克艰"是不放逸，即无所思、无所为、不起意。因此，所谓"克艰"，是一种面对外界任何诱惑毫无反应的修行功夫，它表现出坚强的忍耐品质。

"知恤"的德行。"知恤"最早也出自《尚书》，所谓"休兹知恤，鲜哉"！意思是：处于歌舞升平的时代还能有忧患意识，真是难得啊！杨简认为，"知恤"是治理政事的关键。但后代的帝王能有忧患意识的不多啊！

"知恤"就是要时刻有所"忧"，有所警惕，有所关怀，这样才能建立起治政之机要。而治理政事的机要一旦建立起来，即便是广阔的四海、遥远的夷狄，他们的大治还是大乱，他们的叛逆还是臣服，都出于"知恤"。

"知恤"就是要有忧患意识，那么，应该忧患些什么呢？杨简认为，根据周公的意思，治理政事的方法不在远方，就在国君身边，只要身边能够得到德才兼备的人，那么国君的道德不可能不正。因此，能做到"知恤"，就可以使国君去除忧虑，就可以阻止不肖者乘虚而入，可以使国家稳定而无动乱，安全而无危险。

可见，"知恤"在杨简这里是一种德行，这种德行的具体内涵是，要求国君以左右大臣为忧，时刻体察左右大臣之情形，进而可表现在选贤任能、关怀生计和明察思想动向等方面。杨简认为，这样的"知恤"，可怀柔天下诸侯而使他们归顺，可教化周边夷狄而使他们文明，可制服所有叛敌而使他们臣服。

"敬信"的德行。孔子曾说："道千乘之国，敬事而信。"就是说，如果要治理拥有一千辆战车的诸侯国，就应慎重地做事并且坚守信用。《韩非子》曾说，"赏罚敬信，民虽寡，强"。就是说，如果一个政府做到赏罚分明、慎重其事、取信于民，那么即使人数很少的国家，也会强大起来。可见，"敬信"在中国古代政治伦理思想中，是非常重要的德性。

杨简继承了重视"敬信"之德的优良传统，非常强调"敬信"在治理国家民生中的作用。他认为，如果国君对于某项事业完全可以付诸实践，但却不能慎重、认真地去做，必将失去民心，必将导致祸害，自然政令难以被人民接受。普通老百姓不讲信用，都难以立足于这个社会，何况一国之君呢？诚恳待人、待事，从心里敬重他人，就会获得老百姓的信任，治理国家，没有什么别的灵丹妙药啊，"敬信"之德是重中之重啊！

在杨简看来，诚敬是取信的基础，只有诚恳地处理事情、对待他人，才可能受到老百姓的拥护，取得他们的信任。这种建立在对君民关系正确理解上的"敬信"观，对于治国安民显然有着实际的价值。

"克艰""知恤""敬信"是杨简设计的治国之道三个缺一不可的环节，都被列为"至治之要"。"克艰"修己，"知恤"察臣，"敬信"爱百姓，这种由内及外、由近及远、由此及彼的治政思路，乃是杨简"心政"的理念之逻辑演绎。他对"至治"有一个概括，这就是："至治之道，在此不在彼，在尔不在远也。此万世不易之通论，论治者不能越之。子思论治天下国家，亦以修身为先导，尊贤次之，后儒亦曰王者在修身任贤而已。"也许，这段话能加深我们对杨简"心政"理念的体会。

三、政论关乎民生

南宋社会，是一个动荡不安的社会。杨简根据自己从政的经验，并结合当时的社会现状，发表了诸多对于当时社会而言仍颇具建设性的政论。我们从《慈湖先生遗书》中列出其主要政论，以供读者欣赏。

"谨选左右大臣近臣小臣"。这个政论主要是讲如何选择在皇帝身边直接辅政的诸臣。

南宋时期朝廷大臣钩心斗角，内讧十分厉害，赵汝愚被罢事件正说明了这点。杨简认为要消除内讧，只有一个前提条件，即谨慎选择在皇帝身边辅政的大臣小臣，将那些真正的贤德之人选在皇帝身边。

根据杨简所理解的周公的治政思想，治理朝政的关键就在于如何选好皇帝身边的辅政诸臣。这件事一旦做好了，不但可以美朝美政，还可以美化风俗，使小人不得钻营投机。杨简说："治乱之机在于此不在于彼，在近不在远，的然无疑，确然无易，故持而言之，情状切至于此。近治而后远治，近臣贤而后远臣贤，小臣虽卑贱，而人主之德性实熏染渐渍于左右亲近。"杨简之所以认为选好皇帝身边的诸臣有那么神奇的影响，就在于他坚信儒家的"心正则身正，己正则人正"的观念。

不仅如此，他还相信孔子说的"居其言善，则千里之外应之，居室出其言不善，则千里之外违之"的真实性，因而他将谨慎选择左右大臣、近臣小臣看成治乱安危的关键。

"择贤以久任中外之官"。这个政论主要是讲让贤能之官长时间在同一职位工作。

一个官员在其任职的位子上究竟应该工作多长时间效果为最好，这的确是个问题。杨简的主张清楚而坚定，就是选择贤能者尽可能地让他长期担任同一职务。在杨简看来，如果官员频繁地被调动，屁股还没有坐热，一纸调令又将他调走，至少会导致这样几大危害。

一是浪费财力、物力、人力。一般而言，官员任新职，在迎送过程中，要更换很多人员、物事，如果频繁地调动，就意味着相关的人员、物事也要更换，而这将造成巨大浪费。

二是治理不能有连续性。由于官员任职时间过短，两年、三年就被调换，有时甚至半年就被调换，新任官员治理某地的规划还在图纸上，人就被调走，导致治理措施没有连续性。

三是给无能小人钻空子。由于官员调动太频繁，地痞小人不仅不服从官员的教导，而且根本不把官员放在眼里。因为道理很简单，既然你做官的都不可能在现在的位子上服务很长时间，随时都可能调走，地痞小人怎么会理睬官员呢？

四是容易滋生冤案。由于官员调动频繁，官府文件、档案无法保存完整，许多诉案就可能无据可考，这样就会导致官吏腐败、民众受苦。

概言之，"择贤久任"不仅可以堵截不肖者的升官机会、裁减冗员，而且可以减轻百姓负担；所以，杨简极力主张，让贤能的官员在同一职位上尽可能地久任。

"择贤久任"是一项符合民心的任用官员的智慧主张，也是对社会发展具有积极意义的任用官员的措施，是杨简的"独家"贡献。

"罢科举而行乡举里选"。这个政论主要是讲选举官员的方法。

科举考试是古代中国取士选官的一项基本方式，它不仅曾经有助于历朝选拔官吏，对中国文化的继承和发展也产生过积极作用。

杨简认为，科举考试沿袭至两宋，已经面目全非，与本来科举考试的意图相距遥远。他罗列科举考试的"罪行"主要有：一是使学者生徒陷溺于经说，腐坏道心；二是以咏诗为事业，尚虚文陋习，不务实德；三是排在科举考试前几名的多数是市井无赖子弟，那些笃实端士反而被罢黜；四是培养的人极少贤德贤能当大任者，大多是整天沉迷于酒色名利之徒。所以杨简认为，科举考试应该废除，而启用"乡举里选制"。

什么是"乡举里选制"？据史籍记载，汉高祖十一年二月诏是察举制的先声，以后逐步成形、发展，察举的科目逐渐增多。到汉武帝时，经董仲舒建议，察举开始制度化，察举的科目以孝廉、秀才为主。由州、郡长官推荐孝廉、秀才的人选，而州郡的察举又是基于县、乡、里的推荐，这就是所谓"乡举里选"。也就是说，"乡举里选"是类似于根据公众考察官员政绩情况而决定官员取舍的一种选拔官员的方式。

杨简对科举考试很失望，便寄希望于古代的"乡举里选"。"乡举里选"能否达到杨简所希望的目标暂且不论，它以公众对官员政绩的评价作为取舍官员依据的方式，反映出杨简政治思想中的唯实唯公之精神。

"罢设法去导淫"。这个政论主要是讲废除怂恿民众群饮酒陋习。

所谓"设法"是指纵民群饮，在当时又加上众多官婢盛妆丽服、装饰花木之房，引导民众走向淫秽。

杨简主张罢黜"设法"，但遭到当时某些官吏的反对，他们的理由是，如果不"设法"就会减少饮酒的人数，课税将大减，财政收入将大匮，军队也将缺乏战斗力，所以杨简没有轻易采取"罢设法"措施。

但杨简亲自"究知情状利害曲折"之后，发现行都这个地方虽然"设法"，但各大国库课利反而减少，诸店没有"设法"，课利反而增多，而且，杨简想起当年在温州、乐平任职时都曾废除"设法"，不仅课利无损，而且除掉了导淫之根，收到很好的社会效果。

杨简还引经据典说，《周书》痛恨群饮，主张禁饮甚至于杀掉组织者；《汉律》仍然继承了禁止群饮的传统，对参与群饮者罚金四两；到五代时，仍然延续了禁止聚众饮酒的传统。这些都成为杨简"罢设法"主张的依据。

这个政论表明，杨简是典型的儒家君子，对于有损社会风气的行为，他是主张革除的。

"募兵屯田以省养兵之费"。这个政论是讲如何节省养军的开支。

所谓"屯田制"，就是将军队分边地军和内地军两类，边地军丁三分守城、七分屯种；内地军丁二分守城、八分屯种。每个军丁授田一份，由官府供给耕牛、农具和种子，并按份征粮，以补充军粮。这是古代战争年代解决军队给养的重要办法。

南宋时期，战争频繁，养兵的费用占国家总收入的十分之九，国家不堪重负，杨简提出通过让士兵屯田解决这个难题。杨简说："补以屯田兵，则费可渐省，得良将善教之，可用也，况诸州守久任则守御自备大军亦可渐减。"应该说，"募兵屯田"对当时疲于战争而财政匮乏的南宋朝廷而言，的确是有现实意义的。

"限民田以渐复井田"。这个政论主要讲的是土地制度的问题。

所谓"限田"最早由汉代董仲舒提出。由于"富者田连阡陌，贫者亡立锥之地"，土地分配极端不均，董仲舒提出"限田"的主张。当时的"限田"标准是：不论贵族、平民，"名田皆无得过三十顷"，以三年为期，到期过限部分没收为官；商人不得名田为吏，犯者以法律论处。

所谓"井田"是我国古代社会的土地国有制度，商朝有文字记载，西周时盛行。那时，道路和渠道纵横交错，把土地分隔成方块，形状像"井"字，因此称作"井田"。"井田"属周王所有，分配给庶民使用。领主不得买卖和转让井田，还要交一定的贡赋。

杨简所处的南宋，似乎遭遇到了董仲舒时代的同样难题。富人占有的田地不断扩大，成为贫富不均、两极分化的基本原因，久而久之则转化成社会不稳定的潜在因素。他说："田不井则贫富不均，仰不足以事父母，俯不足以畜妻子，乐岁终身苦，凶年不免于死，救死不赡矣，奚暇治礼义？无礼义则乱，乱则国危。"

由此他提出限制民田的不正常扩大，以有计划地分配田地，让土地国有占主导地位。他说："限田，井田之渐也，初限以宽，在限外者可减不可增，民析产异户无时无之，渐析渐均矣，再立限渐减，又几年则又渐析渐均矣。"限田以恢复井田作为一种稳定社会的策略，它反映出杨简对国家命运之关怀，也体现出杨简务实的治政风范。

"罢妓籍俾之从良"。这个政论主要是讲妓籍的存废问题。

杨简认为，妓女们盛妆丽服，在众目睽睽之下招摇过市，所为又以淫为乐、以利为求，无论是血气未定的少年，还是名卿才士，无不沉浸其中。更可怕的是，竟然无人以之为耻，无人以之为怪！杨简慨叹：前代乱亡之祸，就是基于人心之不善啊！

好在杨简能够独治一方，可将自己的理念付诸实施。他在温州任知县时，就曾开展罢妓籍活动。《慈湖先生年谱》描述道："到郡之明日，妓群贺，即戒之，具状来众，亦未谕也，至则皆判从良去矣。异时，督赋之吏星驰火驾，上下相束，皇皇不能以朝暮，至是寂无一迹，历县庭，独首移文罢妓籍。"而妓籍之罢深得人心，引起老百姓一片欢呼——"军民上下呼舞，载路如脱"。

"择贤士执教大学并掌其邑里之学"。这个政论主要讲大学和乡里教学人选。

杨简说，自孔子以后，异说纷起，既有好像是正确实际上是错误的学说，也有好像是光明正大实际上是阴谋诡计的学说，甚至还有徇私偏狭孤傲的学说，唯独没有持守中正大道的学说。在这种状况下，如果不能起用大贤来教化以拯救它们，那么刑名之学、清静之学、杨朱之学、墨翟之学，都将继续大行其道，而孔孟之真精神将被混淆致湮没。据此，杨简提出无论是大学还是乡校，都应该选择贤能者担任讲席，如此才能使圣人之学得到传播，进入人心，并最终改变异说纷争、是非不明的状况。

"取周礼及古书会议熟讲其可行于今者"。这个政论主要是讲三代治政智慧是值得南宋朝廷借鉴的。

杨简认为，一个政府不是以尧舜禹三代时的治民方法治理它的老百姓，那就是残害它的老百姓，一个政府不是以尧舜禹三代时的治国方法治理它的老百姓，那就是灭亡它的国家。

为什么这样说？杨简说，三代是以王道治理天下，而汉唐是以霸称天下、以利治天下，所以汉唐并不是理想的时代。

具体而言，第一，周官有比闾族党之教，有德行道艺之书，汉唐没有这样的政事；第二，司市之属，不一而足，市井小人，都教之以善，道之以政，汉唐没有这样的政事；第三，周知中国，外域人民，与其财用，九谷六畜之数要，周知其利害，则无有一民不获其所者矣，汉唐没有这样的政事。所以，杨简感叹：本朝士大夫为什么不努力地将皇帝往治世的黄金时代（三代）推举，反而要沿袭汉唐治少乱多可耻之规模呢？

杨简不得其解。不过，杨简却更加坚定他"取周礼及古书会议熟讲其可行于今者"的主张，他认为这个主张是完全可以的，因为这可由他在乐平、温州从政实践得到支持。

"修书以削邪说"。这个政论主要是讲消除无根之论、荒诞之说。

按照杨简的想法，一个社会充斥异端邪说、无根之论，不仅会使圣道不明，也会使人心错乱，而人心一旦错乱，就会有亡国的危险。因此，杨简极力主张整顿图书市场、净化图书空间，采取措施，组织队伍，重新编写经书。为什么有这么重要呢？

杨简举《诗经》为例。他指出，孔子曾说，《诗》虽有三百首之多，但用一句话概括它，就是"思无邪"三个字。而且，这"思无邪"三个字，至简至易，已经将《诗》的中心思想非常准确地表述出来。可是，老师、宿儒们不知大道平夷，反生疑惑。而在疑惑之中，认为《诗经》不会这么简单，嫌它不够深奥，于是曲意解释，结果越解越糊涂，以至于原来的意义是什么都不清楚了。比如，有个叫卫宏的人，自以为高手，为《诗经》作序，使学者只见序而不见《诗》，见其序说而不见"思无邪"之大旨。这自然是对圣人之道的深深伤害。

杨简还指出，像《易大传》中也有许多话不是孔子讲的，而"左氏三传"也有诸多失圣人之志处，诸子的史集中许多思想是非不清，也容易混淆人心。因此，要扫云翳昭日月，使圣人之道彰显于世，像这些"邪说"都是必须削除的。

如果我们对杨简的政论作个综合的分析，便可发现如下几个特征。

一是注重继承和推行儒家传统中的政治智慧。无论是择贤久任的主张，还是谨选左右大臣近臣小臣的设想，无论是限制民田以恢复井田的措施，还是屯田以省养兵之费的建议，杨简所引用理据有周公、孔子、孟子、诸葛亮等。

二是关注现实问题。之所以提出择贤以久任中外之官，是因为官员调动太频繁容易导致社会问题；之所以提出罢设法去导淫，是因为这种现象已经给社会造成危害；之所以提出修书以削邪说，是因为异端邪说已经给圣学的传播造成了障碍。

三是对人民生命的关怀。所谓罢设法去导淫，就是要铲除将老百姓引向不良的群饮聚会；所谓罢妓籍俾之从良，就是要恢复妓女自由，让她们回到正常生活；所谓限民田以渐复井田，就是限制富人对土地的侵占，防止两极分化。

可见，杨简提出的政论的确是"以人为本"。

第 4 章

以 "一" 解 《周易》

　　《周易》是我国思想文化史上的一部奇书，为群经之首，它包括《易经》和《易传》。《易经》是占筮之书，编于殷周之际，属于上古时代巫史文化的遗存；《易传》则是战国中期的作品，是对《易经》的解释，具有浓重的哲学味道。

　　几千年来，解《易》者不计其数，而代表性主张不外三派：象数易学、义理易学、科学易学。象数易学，自汉儒开其端，以《易》象（八卦众多卦象）、《易》数（阴阳奇耦之数）作为解《易》的途径与方法，既不失占筮的用途，又能阐发义理。义理易学，自魏晋玄学家王弼开其端，以老庄解《易》，探其哲学大义，影响深远。科学易学，出现于晚清，受现代科学理论与方法的影响，许多学者用现代自然科学原理和方法解《易》，开启解《易》新气象。

　　杨简解《易》，属于义理易学，但他与一般义理易学又不同，一般义理易学是通过对象数客观的研究、分析阐发《易》中的哲学大义，而杨简更强调从主观的发挥，其根本特点是以"一"解《易》，呈现出另一特色。

　　由于杨简解《易》习惯在原文上解释、发挥，为了让读者读到杨简原汁原味的解释，真切感受到杨简解《易》的风采，这里不打算将杨简的解释按照作者的思路整成一个体系，而是将杨简的解释改成现代叙述移植到读者眼前，而且，由于篇幅所限，这里只选择部分加以呈现。

一、乾坤为"一"

> 乾，元亨利贞。初九：潜龙，勿用。九二：见龙
> 在田，利见大人。九三：君子终日乾乾，夕惕若，
> 厉，无咎。九四：或跃在渊，无咎。九五：飞龙在
> 天，利见大人。上九：亢龙，有悔。用九：见群龙无
> 首，吉。

这段话是关于乾卦的经文。通常的解释是，乾卦六爻爻辞所表达的是事物由潜在到明朗、从低级到高级的发展过程，以及这个发展过程中可能发生的变化。不过，杨简解释与此有很大不同。

杨简认为，卜筮即是"利用"，圣人在卜筮后面附以解释性的话，就是要开明人的道心。开明人的道心就是《尚书》讲的正德；万物万事都是"一"。由于人们不懂得"本一"之妙，所以《易》要根据具体的情况建立学说以说明它。

为什么说天有它的高明、地有它的博厚，为什么说人位于天地之间、万物生生而不穷，都是因为"易"呢？天本来就高明，地本来就博厚，人本来就位于天地之间，万物本来就生生无穷，之所以说在于"易"，因为"易"使它们澄明，使它们彰显。但是，普通百姓虽然天天应用这个"道"却并不明白，所以圣人作《易》是为了告诉老百姓相关的道理。

可是，"易"是采用什么样的方法将道理告诉人们的呢？

这个方法就是"一"。这个"一"可画不可言，可言不可议，但它不是"二"，可以通，三才成卦，以明示天、地、人三道。"易"中有两个基本概念，这就是"乾"和"坤"。本质上，"乾"与"坤"没有差别。所以，"乾"必然是"一"，"坤"就是两画之"乾"，不是乾道之外再有个坤道。而明白了

这个道理，也就知道为什么尧成为君、舜成为臣了。

有人质疑：大哉、至哉不是分"乾""坤"为二吗？杨简说，大哉、至哉，只是辨君臣之别，明上下之分，而坤爻说"直方大"，又说"以大终"，所以，"坤"亦未尝不大，另外，孔子说"一以贯之"，《中庸》讲"天地之道为物不二"，都是乾坤不二的意思啊！因此，从"一"来讲，是乾；从"二"来讲是坤，但从根本上来讲，它们是"一"。

杨简说，三画之所以演绎为六，因为天、地、人各有"两"（阴阳、刚柔、仁义），由此"两"演变为其他如礼、乐、智、健、乾、震、巽、坎、丽、离、止、艮、兑、屯、蒙等，虽变化无穷，但都是"一"。"易"之一、二、三、四、五卦爻，是金、木、水、火、土"五行"所生出来的数，而"用九""用六"都由"五行"变生出来，所以没有"二"道。

"九"与"六"虽然有阴阳之不同，但它们的功用是一样的。能用九而不为九所用，所以九一能潜而不露，不为阳刚所使，也不为才智所使；所以九二能见，善应于世而人都能看到它；所以谨小慎微而没有过错；所以虽能跃起而不敢断然冒进，犹豫慎重，不会有过错；所以能飞翔天上，成就大人之德业。只有上九不能用九，而为九所用，而为阳刚所使，所以高贵自居而不通下情，所以动则有危险。不过，如果是大有之上九，就能用九，而不为九所用，而且有天保佑，所以没有不吉利的。为什么？大有之上九取超然乎万物之上之象，所以为吉；可是，乾之上九，取刚过之象，所以可能转为危险。

"龙"的含义，一是变化莫测，二是濡泽博施，有圣王之象，所以乾爻都取龙象。二、五之位，是天下利见之位，不利见的就不是大人，人人尊仰之叫作"见"，人人蒙其恩泽叫作"利"。用九之道，虽然发现于诸爻诸阳，但不见其为首。所谓不见其为首，就是"己私不形，意虑不作，洞然自然"。但如果意念萌作，就转为私为己；而好刚好进，安得不为首？

二、天地人三才为"一"

大哉乾元，万物资始，乃统天。云行雨施，品物
流形；大明终始，六位时成；时乘六龙，以御天。乾
道变化，各正性命，保合太和，乃利贞，首出庶物，
万国咸宁。

这段话是关于乾卦的"彖传"（解释六十四卦卦辞之意
义），主要意思是强调乾坤、阴阳二气的统一调和，是万物生
长的必要前提，自然和社会只有保持对立统一的太和状态，才
能永恒通利。但杨简的解释与此不同。

杨简认为，如果占到"乾"卦，就象征着君、父、夫、圣
人等，因此，孔子作乾卦，虽然总是谈到天，但实际上是讲明
人之道心，如果专讲天道而不及人道，怎么可能阐明圣人之道
呢？那么，乾卦又是如何阐明圣人之道的呢？

杨简说，孔子想使那些为君、为父、为夫或进于圣人之道
的人明白：他如果占得这个乾卦，真的无比伟大吗？真的是世
界第一吗？真的是万物开始的前提吗？真的能统御天下吗？云
行雨施，品物流形，真的是我的"道"吗？终始六位，乘龙变
化，物物自正性命，保合太和，真的都为我所有吗？因此，天
乾即是我的刚健中正，"天"有的东西我也有。

杨简说，天地人三才是一，万理是一，"易"与乾为一体，
不存在"易"大乾坤小的问题，它们只是名称不同而已，从不
同的角度表达而已，并非乾就是乾、坤就是坤、元就是元、亨
就是亨、利就是利、贞就是贞，它们是一体而殊称，一物而
殊名。

为什么说天、地、人三才是"一"？因为普通人不能知晓
易道，他们只知气、形、事，但不知"道"，所以常常将它们
分裂为二。所以圣人不得不开悟众人："道"无声无臭、无思
无为，它与"物"为一、与"气"为一、与"事"为一。因

此，不是"事"外有个"道"，也不是"道"外有个"事"，所以为"事"也就是为"道"。

为什么要讲"道"是一？就是告诉人们，万事万物只有一个根本的"道"，这个"道"不在事物之外，就在事物之中，就在人的生活之中，这样，人就无须到处寻找"道"，无须浪费精神，就应该即事行"道"，就应该即物见"道"，就应该即"气"悟"道"，这就是杨简强调万物就是"道"的根本原因。"易"之道无方无体，无限量无所穷尽。

杨简说，有"乾"便有事物，有终始也有始终。天道开始之际，阳气潜藏于下，天道结束之际，则是"六阳"之巅，从"初九"到"上九"，从开始到结束，阳气因时而变，并已到极点；人道开始之际，潜藏于下而没有任何作为，人道结束之际，如果到了极点不知权变，就可能招致灾祸，那就是昏沉；如果没有到极点仍知道随时应变，就不会招致灾祸，那就是聪慧。这样，六个爻位便随时而成，这就叫作"六爻"。

乾道天象，它的变化叫作龙，六爻就叫作六龙，乾元乘气，不为气所乘，龙是阳物君体，能用阳刚所用，乘时变化，没有思为的活动，各正性命，物物相有奇妙感应，自离不离，为合、为保、为和、为利、为贞。

因此，如果它们本来不是"一"，何以能和？如果它们本来不是"一"，何以能合？物各得其时，事各得其宜，用各得其利，气致其和，这就叫作"利"。这个"道"至正非邪，无时无处不正，所以"利"即是"贞"，"贞"就是"利"，利贞就是元亨，因此，从"道"上讲就是"一"。

这个"道"超出万物之表，所以说首出庶物；这个"道"能致万国安宁，所以说万国咸宁。首出庶物，好像是说"天"，万国咸宁，好像是说"人"，但合而言之，就是说明天人一致，使学者不得而二分之，而明白了天人本一，就知晓了乾道之真谛。

三、天道人德为"一"

　　天行健，君子以自强不息。潜龙勿用，阳在下
也。见龙在田，德施普也。终日乾乾，反复道也。或
跃在渊，进无咎也。飞龙在天，大人造也。亢龙有
悔，盈不可久也。用九，天德，不可为首也。
　　这段话是乾卦的"象传"（解释六十四卦卦象之意义），主
要意思是认为事物变化都可能经历潜、见、惕、跃、飞、亢六
种过程，并阐述了相关心理、精神状态出现的原因。但杨简的
解释与此不同。

　　杨简说，天人是"一"，所以君子自强不息，不是说天行
健在彼，君子自强不息在此。比如，孔子发愤忘食，学而不
厌，不是从外面取得这种品性，发愤，是孔子自己发愤，学
习，是孔子自己学习，所以，发愤到忘记吃饭，学习到孜孜不
倦，就是孔子的自强不息。这是不能用言语解释清楚的，也是
不能用思虑获得的。

　　杨简说，人之所以不能安于下，是因为有进用之意，但
是，人一旦动了意念便丧失本心。人的本心至神至明，与天地
为一。阳气在下，阳气寂然，安于下未曾动。人如果能像阳气
一样在下，寂然无进动之意，就与天地为一，自然就不会丧失
他的本心，这就是得"易道"。如果不能安于潜藏而有进用之
意，那就必然有凶险，这就叫失"易道"。因此，"潜龙勿用"，
就是指人不能安于潜而有进动意。

　　杨简说，九二居下卦之中，这个爻位是容易受到外物影响
的，但如果心能发于德，不动意，安止自应，如天地之施生、
四时之变化，这就叫作德之施。普施就是龙德。这样才能懂得
易理和获得易理。

　　乾乾、反复都是"道"，君子终日乾乾，到了晚上仍然如
此，也都是"道"的表现；喜怒哀惧都是道心的妙用。但是，

百姓整天用此"道"于生活却一无所知，而且会因为物势而发生变化。这样，就可能上下反复，导致纷扰不断，也就不能如四时之错行、日月之代明那样合乎天理，所以不能说是获得"易道"。

杨简说，通常来说，人人都想前进，可是得了"道"的人不会有"欲进之心"。为什么？人的本心即是道心，道心无体，如太虚随感而应，如四时之变化，是如何就如何，没有"欲进之心"。因此，虽跃起却未离于渊。舜的经历正是如此。舜的"历试"虽然为众望之所归，已为帝心之所属，但是，舜从容于其间，虽有鼓琴二女在身旁侍候，也能坐怀不乱，心未曾有毫发意念。所以，舜并不是为了谦让，而是心未有念而自然如此，所以没有危害。反过来，如果心动意动，勇猛冒进，人们便不会服从你，做事便与"道"相违，凶咎自然就光临啊！

杨简说，天地之间的血气心知之属，群分类聚，各有所欲，但欲不能满足、不能平均，便有争夺，于是推选公明之人；可是所推举的公明之人还是不够公明，又开始争夺，便又推举更加公明之人；可是，更加公明之人还是存在争夺，再推举大圣之德的人，并立为天子，这样才最终平衡利益之争。所谓大人造，就是说只有大人能够做到，不是大人不能做到，大人就是圣人，飞龙就是圣人。飞龙在天，意味着大人或圣人诞生。

杨简说，大道正中，无过也无不及，但龙飞得过高而到极点，肯定不会长久。他拿天道来说，月盈则食，寒暑则衰，顺其自然，"不过"就是不违背天的规律。

杨简说，"九"属于阳刚之物，崇高之位、阳刚之才，都是"九"，因此，如果被官位所移、被才能所使的话，这就叫被"九"所用。不能"用九"的话，就叫天德。而"用九"时能做到中虚无我、无思无虑，也就是本心，也就是天德。但是，意念起动就是有"为首"的想法，就是"有我"，这叫作"人"而不叫作"天"，所以不能算是"易道"。质言之，"意"

动就不能"用九",也就不是天德,就是"为首"。

四、元亨利贞为"一"

> 元者,善之长也。亨者,嘉之会也。利者,义之
> 和也。贞者,事之干也。君子体仁足以长人;嘉会足
> 以合礼;利物足以和义;贞固足以干事。君子行此四
> 德者,故曰:乾,元亨利贞。

这段话通常的解释是,万物生长的过程一般都要历经开始
(元)、壮大(亨)、成熟(利)、至足(贞)四个阶段。君子
如果能体仁、合礼、和义、干事以行此"四德",就可使自己
的事业顺利通畅。可是,杨简对此却有自己独到的解释。

杨简说,指"元"为善,没有问题,但说"元"是众善之
长,则有害于道,因为"道"是"一",元、亨、利、贞,虽
然在数字上是"四",但实际上是"一"。说"元"为善之本
是可以的,枝叶都是生于根的,但若称其为善之"长",那就
是说善有等次、多寡之分,便有害于"道",因而不能说
"长"。乾元,就是说万物开始便亨通,会通而嘉则善。

如果与物相会而不能善,怎么能亨通?利,是义之和合,
失义则祸害随之而来,怎么可能有利?贞即是正,事因为正而
有所成就,所以说"贞"是事之主干。

孟子说,"仁"就是人心,君子觉悟到这个心,思虑便从
内流出,这就是"乾元在我"了!但是,老百姓天天应用这个
"道"却不明白其中的道理。因此,没有必要说什么"体仁",
想主宰别人的毛病萌生于把"善"看成可以增长的观念,事实
上,"善"是人人生来具有的,只不过是君子先觉悟到这个
"善"而已。君子所以能与物会通,无非是因为这个"心"诚,
因为"心"诚,敬人时便表现出节文来,人们称这种节文为
"礼",所以说"合礼",而且,与礼文合是自然而然的,不是
勉强求"合"的啊!勉强求"合"的话,那已是虚伪了,不是

我"心"的礼了。

君子致力谋利，是为了利益万物而已，利益万物显示公心，没有不是义的，如果贞定但不牢固，事情未必能完成，贞定而牢固才不会有变化。

> 初九曰："潜龙勿用。"何谓也？子曰："龙德而隐者也。不易乎世，不成乎名；遁世无闷，不见是而无闷；乐则行之，忧则违之；确乎其不可拔，潜龙也。"

这段话通常的解释是，所谓"潜龙勿用"，就是说一个人如果有了龙德，他就不会与世沉浮，人家不知道他也不会生怨气，做所乐之事，避所忧之事，意志坚定，不可动摇。不过，杨简的解释与此又有差别。

杨简认为，潜龙就是龙德，龙德就是表现为不易于世、不成于名、遁世无闷的状态，因此，"潜"是遵天命而行，是义当潜而不当现。心中快乐就行动做事，并随着时机的变化而行动做事，可行"道"于事，这种乐就不是"私乐"；心中忧虑就不行动做事，在相应时间无法行动做事，"道"便不可行于事，无从显现，自然与世事相违背。"道"不可行，便忧虑乱世，这不是"私忧"。君子不可动摇，是因为有"义"在心，而不是作意而守；如果是作意而守，则是可动摇的。只有做到贞定不可拔，才是"易道"。

> 九二："见龙在田，利见大人。"何谓也？子曰："龙德而正中者也。庸言之信，庸行之谨，闲邪存其诚，善世而不伐，德博而化。《易》曰：'见龙在田，利见大人。'君德也。"

这段话通常的解释是，所谓"见龙在田，利见大人"，就是说一个人如果具有了"龙德"，那么他就能做到言行举止都居中得正，不会有过，也不会有不及。但杨简的解释与此比较，又有自己的发挥。

杨简说，"乾"就是龙德，龙德在初就是"隐"的状态，在"二"即为中正，它随爻象变化而变化。九二居下卦之中，所以是正中之义，正不邪、中不偏，都是"道"的不同称呼而已。天道就在身边，不离我们的日常生活。平常之言不失诚信，平常之行不失谨慎，但如果意念发动就成邪了。闲邪也就是去意，就是至诚，忠信之心，即道心，人心即道。

九二爻位是龙出现于世的时机，所以是龙德的显现，自然就可以有善世之功；而不自夸的人，也就是私意不起；而有了功就自我夸耀，就是因为"意"起。

道德广大博厚，便可化育社会，反之，不能化育社会。德性未曾广大博厚，无思虑，没有际畔；但是，意念发动就会滞碍、蒙蔽，自然就不能广大博厚了。因为意念发动就会自我夸张、自我炫耀，人们就不会心服，这样的情况下，怎么可能化育民众呢？所以，"潜龙"并不是说没有君德。

九三曰："君子终日乾乾，夕惕若，厉，无咎。"何谓也？子曰："君子进德修业。忠信，所以进德也；修辞立其诚，所以居业也；知至至之，可与言几也；知终终之，可与存义也。是故居上位而不骄，在下位而不忧。故乾乾，因其时而惕，虽危无咎矣。"

这段话通常的解释是，所谓"君子终日乾乾，夕惕若，厉，无咎"，就是说君子如果时时保持谨慎进取的心态，德业双修，灵活把握事件的终始，居上不骄，居下不忧，那么即便处于危险的境地，也能化险为夷。不过，杨简的解释与此存在差异。

杨简说，九三居下卦之上，所以有进取之象，阐发增进德性的意义；但是，"德"是先天已具者，怎么进德？忠信即是德，即是道心。但如果在忠信诚实之中微动意念，那就是支离了，就是为陷为溺、为昏为乱，如果真的想不失去本心之忠信，就得如文王那样虽然不识不知，但都是天帝的法则；如孔子那样虽然无知无识，但却万善俱备。忠信就是道心，道心无所不通，无所不有。道德表现于应物行事就称为"业"。

但在应物行事过程中，应酬交错，无情万变，相刃相靡，君子处于其中，也只能顺物徇情，造次发语，随世随流，既文饰私曲，也失信世俗，却习以为常，以为不得不如此，不如此就会招致祸害。像这样的情伪，都不感到羞愧，当然是对忠信的严重蠹害！

君子于是有修辞，使应物行事过程中，不致与物事相逆，也不至于失去忠信。这样，在交错应酬扰扰万变之中，忠信就纯一无间无杂，无一不是德业，不致隳败，这就叫作"居业"。如果出入情伪，岂不岌岌可危？难保其不败啊！因此，进德修业的问题，是万世都会遭遇的普遍问题，不可不讲啊！

九三，处于下卦的顶点，上下交汇处，乾德居处于此，"三"犹如臣体，"四"则是君体了。因此，正处九三爻位时，认识到时机已到便积极行动，这种行为可以称为"知几"。"知几"就是看准时机。认识到时机丧失便立即停止，这种行为称为"存义"。"存义"就是恰到好处，它们是一个意思。

君子做事没有过也没有不及，以适宜为准。无论是尧、舜、禹，还是伊尹、周公，舜帝将天下看成破鞋，颜回以箪食瓢饮为乐，如果因为崇尚富贵而动意念，他们都以之为耻。所以，居上位而不骄，在下位而不忧，其乾乾，乃其未始有荒怠，其惕，乃其因时之危而谨慎，这样，应酬变化就如四时之错行，如日月之代明，顺乎天道，虽处危疑之地，哪会有什么祸害呢？

九四曰："或跃在渊，无咎。"何谓也？子曰："上下无常，非为邪也。进退无恒，非离群也。君子进德修业，欲及时也。故无咎。"

这段话通常的解释是，所谓"或跃在渊，无咎"，就是说"九四"处上下之交，进退不定，此时此地不能脱离人民群众，而君子进德修业也要看准时机，不能轻举妄动，这样才不会有危险。但杨简的解释与此又有不同。

杨简说，乾在九四之位，以之为上不是君，以之为下不是臣，所以此位不是常位。但此位并无邪心。虽然不是久留之地，但它的进退并无离群之心。如果有离群之心，就是因为意念的发动，就为邪为害了。君子进德修业，如果当进不进，就会丧失时机，就会有悖于道，因此，只有应时而动，如四时之错行，如日月之代明，才是"易道"之落实，才是乾道之表现。所以，虽然处于危疑境地，并无什么祸害。

九五曰："飞龙在天，利见大人。"何谓也？子曰："同声相应，同气相求，水流湿，火就燥，云从龙，风从虎，圣人作而万物睹。本乎天者亲上，本乎地者亲下，则各从其类也。"

这段话通常的解释是，所谓"飞龙在天，利见大人"，就是说自然界的事物都是同声相应、同气相求、各从其类的。不过，杨简的解释有更多自己的引申。

杨简说，天、地、人三才虽然同体，但它们中的同类都是相互感应的。日月星辰，属天之类；山川草木，属地之类；人居天地之间，凡是属于有血气有生命的东西，都是人的同类。

所忧心的是圣人不作为，圣人如果作为的话，那么万物便立即相互感应；而如果圣人作为而万物不相互感应，也不能将责任归于圣人。所以，君子不向外求索，而是求诸己，身正则天下人就会归附他。可是，哀世之君不懂得这个道理，整天忙于向外求索、求诸他人，而且想尽各种方法以治理国家，但人们仍然不服从他。正因为这样，孔子才有"明圣人作则，物无不应，人君必求诸己，不可求诸外"的教导，而且，他老人家反对将责任推给老百姓，说老百姓愚昧无知之类，也不可以哀叹生不逢时，埋怨没有才华出众之人与你共同治理国家。

上九曰："亢龙有悔。"何谓也？子曰："贵而无位，高而无民，贤人在下位而无辅，是以动而有悔也。"

这段话通常的解释是，所谓"亢龙有悔"，就是说任何事物发展到极点，都必然会走向自己的反面，所以那些没有高位，也没有老百姓支持的贤人，如果妄自行动，便会有后悔之心。但杨简对这段话的解释仍然有他的特点。

杨简说，上九之位，龙飞过高之象，是君德丧失的表现，虽然聪明，但如果不把上天的观念放在心上，就会变为狂妄无知，圣与狂的差别就在一念之间。唐虞时期的君臣，警戒规正，都不曾有自足自圣之念。如果君臣都恃其聪明睿智而自以为满足，又不再咨询群众以获得智慧，还轻视文盲贫贱之人，这样的君臣只要有行动便会遭遇险恶。

孔子之所以把他的教诲触及没有职位、没有民众、没有贤人辅佐等问题，就在于告诫君臣不能轻视广大的文盲贫贱之人，因此，此爻位主要阐明圣人的过错在哪里，并告诫圣贤之人如何克服过错。

> "潜龙勿用"，下也；"见龙在田"，时舍也；"终日乾乾"，行事也；"或跃在渊"，自试也；"飞龙在天"，上治也；"亢龙有悔"，穷之灾也；乾元"用九"，天下治也。

这段话属于以人事解释乾卦爻辞。"潜龙勿用"，即居下位；"见龙在田"，即因时势变化而安置；"终日乾乾"，即谨慎创造事业；"或跃在渊"，即跃跃欲试；"飞龙在天"，即居上治世；"亢龙有悔"，即如不知权变便有灾祸。乾元"用九"，即群英并出，天下大治。不过，杨简的解释似乎与此有异。

杨简说，潜龙勿用、见龙在田，都是随处而安，因为这个时候是在下位，而飞龙在天，是说在上而治天下。称为"下""时舍""行事""自试""上治"，都不过是随时泛应，虚中无我，因此，五种爻辞虽然不同，但它们的宗旨是一致的。亢龙有悔，是指到了极点而走向反面，所以可能招致灾害。但是，龙飞过高也是"道"，不过是"易道"的灾害含义而已。

如果乾元用九，便可治理天下，因为能用九，就是无思无为，如日月之照临，如水鉴之照物，随时而应，各当其所，即开始潜藏，九二显现，九三惕厉，九四飞跃，九五大治，上九而不过头，所以说天下大治。

"潜龙勿用"，阳气潜藏。"见龙在田"，天下文明。"终日乾乾"，与时偕行。"或跃在渊"，乾道乃革。"飞龙在天"，乃位乎天德。"亢龙有悔"，与时偕极。乾元"用九"，乃见天则。

这段话是以天道解释乾卦爻辞。"潜龙勿用"，即阳气潜藏，难有作为；"见龙在田"，即阳气升腾，大地文采焕发；"终日乾乾"，即随天时而变，运转不息；"或跃在渊"，即天道将有变革；"飞龙在天"，即乾阳于九五之位表现出造化万物之功德；"亢龙有悔"，即阳气根据时势而变，如发展到至极，必走向反面。乾元"用九"，即六个爻位都会发生变化，由此能见自然规律或法则。但杨简的解释与此还是有差别。

杨简说，这条主要讲天道。阳气潜藏，即言人之潜隐不用；天下文明，万物化生，就是君德的体现。迷惑的人受限于十二月之说，或以九二为丑月，或以九二为寅月，但是，丑月则绝对没有文明之状，而寅月也只是稍有文明之渐，善于读《易》的人，不应受此限制：一定与某月相配。实际上，天道无所不统，无所不通，惟以天下文明，明见龙之类，与时偕行，这叫天人相合。

时，便是天，九三之乾的"乾"，就是行事，都是随其时作为而已，所以也不必配月，如果配上某月，就显得牵强拘执。到了九四之位，天道去故迎新，上升为君体，但不以此为人事，也不是天道，这就是乾道变革之状。

因此，懂得天人无二，才有资格讨论"易理"，大凡天道之变，就在九四之位，如果分德与位为二，那么位不是天位，德不是天德。只有"一以贯之"，就是位于天德，就叫大易之道，这就叫"飞龙在天"。这种解释不是训诂所能做到的，也不是智思所能完成的。

杨简说，三才一体，万物一体，如果能觉悟"风雨霜露无非教化的素材"的道理，就可以明白万物一体的意思。因此，只要能将这些道理"一以贯之",就能理解,人就是时,时就是人,人与时就是一体,便可以随时立言。如果能觉悟这个道理,也就能"用九",那么,所谓潜见、飞跃,都不会乱,如此就叫作"天则","天则"不是人为的。

> 乾元者,始而亨者也;利贞者,性情也。乾始能
> 以美利利天下,不言所利,大矣哉?大哉,乾乎!刚
> 健中正,纯粹精也;六爻发挥,旁通情也;时乘六
> 龙,以御天也;云行雨施,天下平也。

这是对乾卦之彖辞的解释。"乾元"就是讲乾阳创生万物并使其亨通;"利贞"就是讲乾阳赋予万物性灵和情感;乾阳能以美利利天下,而不以其为功,这当然很伟大!乾阳刚健中正,纯阳不杂,六爻发挥功能,可通万物情理;根据爻位的不同而对策略进行调整,以统御宇宙万象;好比云的运行、雨的博施,公正无私。杨简的解释仍然表现出他的独特性。

杨简说,元、亨、利、贞不过是名称不同而已,本质上是"一",因此,不能分裂为四;天地间没有二道,如果分裂为四,那他根本就不懂元、亨、利、贞。人如果能反求诸己,默然反省神心之无体无方、无所不通,就知道所谓元、亨、利、贞,又称一又称四,都不过是发挥本心的妙用。

性情是乾元的性情,元、亨、利、贞都是性情,所以,"乾始"(乾元)能以美好的事物和有利的财物以利益天下人。变"元"为"始",又通于利,那么也就是贞了。因此,这种"道",天下没有什么不能得到它的利,如果只利此不利彼、只利一不利多,怎么叫乾道呢?怎么叫"易道"呢?

乾是无体积无边界的,因此不可被弯曲,所以是"刚";而无界就不会有停止,没有停止就叫作"健"。乾的运行健而不息,只见日月星辰的运转,开始并没有什么天体可以把握,假设有气象,却无形状,假设有形状,但又看不到它的微妙。即便天的运行之状是可见的,但它运行的原因还是不可见,这种不可见的东西,无所偏也无所倚。因此,由于中人、正人都

动于意，才有不正，才有不精不纯。而不可见的东西，哪有什么不纯、不粹、不精呢？

六爻都是发挥潜、现、飞跃正情的，至于龙飞得过高到极点，那就是情之邪了。如果处于中正之位，就能随时符合最高的法则。如果处于过高或极端之位时，能够向内反省到"亢情"也是无体的，那么乾元就为我所把握，也就不会有什么极度之高了。

适时掌握六龙（爻）的变化，以驾驭天的法则，能看到什么结果呢？云气流行，雨水布施，天下太平。什么叫"范围天地之化"，什么叫作"圣人之道，发育万物"？就是适时掌握六爻的变化、驾驭天道，以使天下太平而已啊！

> 君子以成德为行，日可见之行也。"潜"之为言
> 也，隐而未见，行而未成，是以君子"弗用"也。

这段话是解释初九爻辞。意思是说，君子以成就德行为目标，人们可以看到其成就德行的行为；而"潜"的意思，是讲君子之德行隐而未现、行而未成，所以是"弗用"。但杨简的解释又与此不同。

杨简认为，"德隐"有几种情况：一种是德已盛但不可推行，另一种是德未成而没有推广及人之状况。这里讲的"成德为行，日可见之行"，就是说德性虽然在内澄明但未能见之于实践。比如，整日整月都能保持德性的人，一整天可以做到寂然不动，但也就只能坚持一天，一天之后就坚持不下去了；一整月可以做到寂然不动，但也就只能坚持一月，一月之后就坚持不下去了；这样自然还不足以完全实践精一之学。在这样的情况下，德由身体发出，见诸于行事，不能没有阙失。这些都属于"德隐"而未成。所以，君子都不敢将其急用于世。

> 君子学以聚之，问以辩之，宽以居之，仁以行
> 之，《易》曰："见龙在田，利见大人。"君德也。

这段话是解释九二爻辞。意思是说，君子的美德就是努力学习以丰富知识、不耻下问以明辨真理，宽厚待人，行仁为

善，这就是《易》所讲的君子之德。对这段话，杨简引用《易传》《论语》《孟子》的话，大加发挥，讲解博学的道理。

为什么学以聚之？不博就会偏孤。比如，伯夷因为不博学，所以即使后来达到"圣"的境界，还是偏于清；柳下惠因为不博学，所以即使后来达到"圣"的境界，还是偏于和。所谓"学以聚之"，就是无所不学，这个道理，《易传》《论语》中都有。

既然无所不学，学的过程中肯定会有问题；既然有了问题，肯定就有争辩；大凡争辩便可获得真谛，获得学问的真谛肯定就会宽阔广大，宽阔广大肯定就可到"仁"的境界。

可是，后人在设问、辩论过程中没有得到真谛时，却自以为得到真谛。圣人不断教诲后人要宽厚、宽广，对那些拘梏己私、执于小道的人，应该是很好的警示啊！比如，孟子所谓"养而无害，塞乎天地之间"之说，这还不足以达到最宽；《易传》所谓"范围天地之化"，够宽大吧？然而这还是说言有可及之处，既然言而有及，就说明还是有界线而不足以达到最宽。

所以，孔子告诫弟子们：毋意。又自言自语道：我有知识吗？没有知识啊！孔子话里的意思不是训诂所能解释清楚的，也不是心思所能理解的。所以，人们学道，本来都有构造广大之境的理想，但往往没有达到精妙之处就戛然停止，并随即陷溺于静虚，自然无法显现仁德。因此，孔子说，所谓行"仁"道，好比四时更替运行，好比雷电风雨的震动变化，大爱而自然，这样才可以说是"仁"道。九二爻位所讲的正是君德。

九三，重刚而不中，上不在天，下不在田，故"乾乾"，因其时而惕，虽危，无咎矣。

这段话是解释九三爻辞。意思是说，在这个爻位，上不接天，下不着地，不属于安稳之态，因此，只要时刻谨小慎微，随时而变，虽处危险境地，还是可以避免。杨简关于这段话的解释与通常解释基本相同。

杨简说，乾之九三，为什么虽然危疑而无害呢？因为乾是圣人的德性，内卦乾之终与外卦乾之初相重，这叫"重刚"，重刚还是刚，而且是健之至德。

　　但是，他人之"重刚"，则为刚过此之不中，即所居之位不中，他人之不中，即德之不中，随卦象而现。上不在天，下不在田，都不是龙之正位，所以有危险。

　　九三所讲是"因时而知"之道，即处处谨小慎微，好比四时之错行，好比雷电之震动，好比水鉴之照物，因而虽处危境，也不会有祸患。

　　九四，重刚而不中，上不在天，下不在田，中不在人，故"或"之，"或"之者，疑之也，故"无咎"。

　　这是解释九四爻辞。意思是说，在这个爻位，上不接天，下不着地，中不在人，所以有疑惑，正因为有疑惑，因而会谨慎，最终不会陷于危险的境地。但杨简的解释与此不太一样。

　　杨简认为，乾之九四，升为卦之上体，所以又说中不在人，所以便有疑惑，可正因为有疑惑而小心谨慎，所以不会有危害。如果没有怀疑就必定前进，可是，天下事还是有许多不可以刚愎自用的。比如，舜已经试用通过，还让位于人，那是因为舜心如天地、如太虚，诚信而没有邪念、没有臆断绝对，所以天下人都服从他，所以无害。

　　夫"大人"者，与天地合其德，与日月合其明，与四时合其序，与鬼神合其吉凶。先天而天弗违，后天而奉天时。天且弗违，而况于人乎？况于鬼神乎？

　　这段话是解释九五爻辞。意思是说，圣人的德性与天地相合，圣人的智慧与日月相合，圣人的行政程序与四时相合，圣人生命事业的吉凶与阴阳二气屈伸变化相合，因此，他先于天道行动却不会与天道相违背，后于天道行动而能遵循天道法则。既然天道都不会与圣人相违背，何况人呢？何况鬼神呢？不过，杨简的解释又有他的一些发明。

　　杨简说，九二是下卦的大人之位，九五是上卦的大人之

位。大人是圣人的另一个名称。天下都利于大人出现，不仅是九二、九五两爻位才利于大人出现。

乾卦是圣人之象，其他爻也可用乾阐明它的含义，因故不能适中。原因就在于世人都只看见大人之形，而不能看见大人之神，世人都知道大人的思为，而不知道大人思为的精神。

圣、心、精神虽然各有其名，但无其体，既看不到它的头，也看不到它的身，更看不到它的尾。所以，"天"是我的高大，"地"是我的博厚，"日月"是我的光明，"四时"是我的秩序，"鬼神"是我的吉凶，这就是天人之"合"。既然是天人"合一"，当然二者不能相违背，这就是"范围天地之化而不过，曲成万物而不遗"的意思。

> "亢"之为言也，知进而不知退，知存而不知亡，知得而不知丧，其惟圣人乎！知进退存亡，而不失其正者，其惟圣人乎！

这段话是解释上九爻辞。意思是说，进退、存亡、得失，是生活中再正常不过的事情，因此，那种只知前进而不知后退、只知生存而不知灭亡、只知获得而不知丧失的人，只能说是愚笨之人啊！而在进退、存亡、得失之间把握到位的只有圣人吧！杨简对这段话的解释又有他的发挥。

杨简认为，爻位、象传只是说亢，飞得过高便不可长久，它的过错还比较小，但这里所讲的过错就很大了。为什么？日月本来就明彻亮堂，但由于云气的遮蔽，便丧失它的明亮。虽然是圣人，但没有把上天之念放在心中就会变成狂人，所以，禹以舜为戒，绝去丹朱的傲慢；大保作《旅獒》以警戒武王。可见，他们都深知圣人、狂人就在一念之间啊！

禹帝曾说"安，汝止"。他深深懂得只要稍有不安便不会停止，就到处活动追逐物欲，被物欲蒙蔽便导致昏晕，于是便只知前进而不知后退，只知生存而不知死亡，只知获得而不知丧失。所以，上古圣人都是战战兢兢地工作，常常以"克艰"规范自己、激励自己，不敢有丝毫懈怠！

他们即便有晓达的事情，也知道进退存亡，但不是本于道心，就无法保证他们不流于邪恶。只有圣人明白四达、道心不动，所以任何时候都不会丧失他的中正之心，所以两次讲到"其惟圣人乎"。

孔子也说，书不能穷尽他想说的，占筮事情无穷无尽，卦爻义理是随事随时而变的，六十四卦、三百八十四爻都不可拘泥、固执地理解。

如上所展示的即是杨简对《易》之乾卦相关内容的解释，相信读者阅读之后，定会大呼新奇、过瘾。的确，在《易》学史上，像杨简这样解《易》的十分少见，不能不说是为《易》的解释开辟了一个新的方向。

批评者说："考自汉以来以老庄说易者始魏王弼，以心性说易者始王宗传及简……简则为象山弟子之冠，如朱门之有黄乾，又历官中外，政绩卓有可观，在南宋为名臣，尤足以笼罩一世，故至于明季，其说大行，紫溪苏浚解易遂以冥冥篇为名，而易全入禅矣。夫易之为书，广大悉备，圣人之为教，精粗本末，兼该心性之理，未尝不蕴易中，特简等专明此义，遂流于恍惚虚无耳。"

肯定者说："杨氏因易之理，以发撼其所学，精深融贯，要在一而能通，示人专事内而不外，非直探本原者，能之乎？要之，苏（轼）即事以明理，杨溯源以该流，譬之苏如楂梨橘柚杂陈而皆适于口，杨则即一楂梨橘柚，而凡为楂梨橘柚之类者，皆可推而味之也。是二氏俱深于易。"

是也？非也？相信读者会有自己的判断。

第 5 章

以 "心" 说《论语》

在中国儒学史上，解释孔子的《论语》是儒者们表达对儒家思想的理解、丰富发展儒家思想的基本途径之一，因此，我们自然能幸运地看到千姿百态的对《论语》的解释。

杨简对《论语》的解释就是那千姿百态的《论语》解释中的一种，而且是光怪陆离的一种，是独辟蹊径的一种。这里我们选择部分杨简关于《论语》的解释例案，以让读者一睹杨简解释《论语》的风采。

一、"绝四论"

> 《论语·子罕》："毋意、毋必、毋固、毋我。"

这段话通常解释是，不要凭空猜测，不要绝对肯定，不要拘泥固执，不要唯我独是。杨简在解释中则作了较多的发挥。

杨简写有《绝四记》，从心学的角度对"毋意、毋必、毋固、毋我"进行解释和发挥。他认为，人心本来就是自灵、自明的，因为意念的发动，才丧失它的灵明，因此，要使"心"的灵明得到恢复，就必须做到不起意。因为一旦起意，随之而来的还有"必""固""我"等麻烦。所谓"必"就是绝对如此，所谓"固"就是固执己见，所谓"我"就是以我为中心。因此，如果要去"必""固""我"，先要去掉"意"。

那么，什么是"意"呢？杨简说，"一"是"心"，"二"是"意"，"直"是"心"，"支"是"意"，"通"是"心"，"阻"是"意"。所谓"一"，就是指"心"忠贞不贰；所谓"直"，就是指"心"径直透明；所谓"通"就是指"心"畅通无碍。而且，"意"的状态千奇百怪、无穷无尽。它有利有害，有是有非，有进有退，有虚有实，有多有寡，有散有合，有依有违，有前有后，有上有下，有体有用，有本有末，有此有彼，有动有静，有今有古，等等。人就是穷尽一天的气力，或者穷尽一年的气力，纵说横说，广说备说，都不可能说得透、说得完。

就性质而言，"意"有善有恶。圣人的思考、起念都是善的，因而可以不归为"意"。比如，周公仰而思之，不是"意"，孔子临事而惧、好谋而成，也不是"意"，因为他们是圣人。圣人的"心"是无所不通、无所不照、昭昭如鉴、不假致察、美恶自明的，所以，只有圣人之外的人的"意"才是需要绝去的，只有恶的"意"才是需要绝去的。

既然圣人不会产生恶的"意"，而且圣人的"心"是灵明通透、无所不照的，所以圣人能够做到不在事前预测人意图欺诈，不在事前揣想人不讲信用，但遇到欺诈和不讲信用的情况，又能察觉出来。因此，圣人虽然不能直接把"道"给人，但可以帮助人扫除获得"道"的蔽障。

而所谓"去蔽"就是"毋意"。那么，如何"毋意"呢？

杨简说，孟子所谓"明心"，孔子所谓"毋意"，是一个意思，一个人做到了不起意，他的"心"也就澄明亮堂了。而这个"心"是不必言说的，也是不可言说的。孔子从来不言"心"，只是努力将学者的"意"绝去，因为孔子认为"言"就是起意，所以只讲"毋意"。

可是，以往的儒家学者虽然也在努力去"意"，但方法不得当。为什么呢？因为他们发现学者陷于某种"意"，就去克那个"意"，并且随"意"而克，有多少个"意"就有多少个方法，结果自己也堕于花样繁多的"意"中去了。这样，"意"不仅没能绝去，反而陷于"意海"不能自拔了。

另外，以往的儒家学者将"毋"解释成"无"也是很成问题的。杨简认为，先儒之所以将"毋"解释成"无"，是因为他们只相信圣人才能"毋意"，而这表明先儒既不明了自己的"心"，也不自信自己的"心"，同时对学者们的"心"也没有自信。可是，人心本来就是明灵的，以前的儒者却怀疑这点，说个"无"，这当然是贼害天下万世人的良心，也是迷惑天下万世至灵至明之心。

杨简对"毋意、毋必、毋固、毋我"的解释，完全贯彻了他的心学主张。他说人心自明自灵，"意"乃是"二""阻""支"，换言之，如果绝去了"二""阻""支"，也就是绝去了"意"，也就回到了"本心"；批评"去意"时采取泛观博览、格物致知的方法，强调人心自灵自明，圣人只是帮助恢复而已。

《论语·子罕》："吾有知乎哉？无知也，有鄙夫问于我，空空如也。我叩其两端而竭焉。"

这段话通常的解释是，我有知识吗？没有啊！有一位老农问我，我什么都不懂啊！但是，我可以从他提出的问题的各个方面进行思考，然后把我的想法告诉他。

孔子，中国历史上第一位教育家。这么大的学者，说自己无知，谁能信呢？对于普通人的提问，不置可否，无所回答；对于弟子的提问，则根据弟子的差异给予不同解答，以解惑、释疑、救过。仅此而已，实在是没有什么可以教给人的，也实在是没有什么可以告诉人的。但是孔子又说，自己不是那种不懂就随便行动的人，还是比较重视多闻多见，并选择它们中好的服从。这样一来，自己好像又认为自己是有知识的。那么，圣人究竟有没有知识呢？

杨简指出，孔子说的"无知"，就是圣人的"真知"，而圣人的"真知"，就是"无知"。因为，如果以为圣人之"道"是可以被认识的，那就等于说圣人之"道"不过是知识而已，不过是事物而已；可是，圣人之"道"既不是事物，也不是知识。所以，求圣人之"道"，不能以"可知"为标志。

但是，无论是认为圣人之"道"是可知的，还是不可知的，都不曾离开知识，只是因为圣人之"道"中有不可知的"知"而已，不是真的无知啊！

圣人所谓真无知，不是知识所能达到的领域，不是"知"或"不知"所能穷尽的领域，置言之，就是"心"而已。这个"心"不是"知"，也不是"无知"，只要你明了这个"心"，自然不是"知"或"不知"所能达到的，这就叫"真无知"。如果没有求得这个"心"却寻找"无知"，那就会更加无知；而越想多知，就好比除去一重障又添加一重篱，不如让"心"静止休息，不要作为，这个"心"自是精妙而不可测度，不只他人不可测度，连自己也不能测度。

可是，孔子讲的"无知"究竟是什么意思呢？他肯定不是说自己没有知识。我们或许可以作如下解释。其一是孔子谦虚。结合"有鄙夫问于我，空空如也"，就是说，一个人的知识是有限的，普通人所知道的事情，他孔子不一定知道，所以说"无知"。其二是掌握知识的方法比掌握具体的知识更重要。结合"我叩其两端而竭"，就是说，普通人问的具体的知识问题孔子可能不知道，但是孔子可以通过方法来解答它，有了方法并不一定需要对所有的知识都了然于心，这也是不可能的，所以说"无知"。其三是"道心"的获得不依靠知识。孔子主仁德，认为仁德是本我的、内在的，也是无所不通的，因而无须通过知识去获得，所以说"无知"。

杨简的立场是心学的，心学立场的根本主张是"善是先天内在"，这个善也就是良心、本心、道心，道心、良心或本心，它们与人是一体的，人的存在就是道心的呈现，就是道心的外播，它如雨水滋润万物，所以，它是拒绝知识的。正是在这个意义上，杨简认为孔子讲的"无知"就是不需要知识。

《论语·学而》："学而时习之，不亦说乎？有朋自远方来，不亦乐乎？人不知而不愠，不亦君子乎？"

"学而时习之，不亦说乎？"这句话通常的解释是，学习某种知识之后，常常去复习它，是一件很快乐的事情。

杨简的解释可不是这么"肤浅"。杨简认为，孔子讲的"学而时习之"，不是讲用"智"和"力"去学习，而是用"心"去学习，因为"智"和"力"是相对的，而"心"是绝对的。因此，那种不懂得学习"道"的方法的人，自然以"时习"为劳苦。

那么，"无时不习"又是什么意思呢？杨简说，"心"这个东西不是时空之物，它无形态无限量，无终始无古今，无时不然，所以说是"无时不习"。即是说，所谓"无时不习"，就是"心"的无时空限制，因而不是智力，也不是体力，而是"心力"，只有"心力"才能做到"时习之"。

杨简进一步指出，如果复习者好怀疑，就会有很多话要说，就可能产生意念，而意念一旦萌起就不是"时习"了。因为"意"作必有时而息，而有了"息"就不是"时习"了；因此，只有"无意"，才能时时而习之，而"时习"之习，就是"不习"之习。因此，只有不起意才能"时习"之，以智力去复习是做不到时时复习的。杨简认为，《易》所说"不习无不利"，也就是"不以智力去习便无不利"的意思。他指出，如果有可以言之事，孔子早就说了，可是孔子无所言，正说明"时习"不是通常所说的用智力去温习、去复习。

人的本有之心，就是"道"。这个"道"不是智力所能把握的，因此，时作时歇地学习，是没有快乐的；不用智力，既没有运动也没有停止地学习，才有无穷的快乐，因为这样才是把握"道"的方法。

很明显，杨简说"学而时习之"不是智力的形式，就等于说所习"对象"不是客观知识，而是道心或本心，杨简说"意起"而不能"时习之"，也就是将"时习"理解为一种感知的、非理性的体悟活动。杨简显然是以心学立场解释"学而时习之"。

"有朋自远方来，不亦乐乎？"这句话通常的解释就是，有朋友从远方来到这里，不是件很快乐的事情吗？

杨简解释说，知道有朋友从远方到来而表现出快乐的心情，这是一种爱人之心、广大之心，而不是自私之心，因为来者如果不是怀有好善之心，就不会来。这是一种天乐，不是人乐。因此，他批评杨朱是"小我"，只见天地间不曾有一物，而不见天地间不曾无万物，只知其一而不知千万。即是说，天地间除了小我，还有大我，而孟子之所以批判杨、墨，就在于杨、墨不是怀着好善之心而来的。

杨简的这个解释比较有意思，一般情况下，"有朋自远方来，不亦乐乎？"就是讲来了朋友，表现出高兴的心情，可杨简说是爱人之心、好善之心，是一种天乐，是天地大公之道，并由此引申到孟子批杨、墨之事。杨、墨就是溺心于小而不知大，就是没有爱人之心和好善之心。

那么，为什么朋友来了而我快乐呢？杨简认为还是因为善之心油然而生，是道心之变化所致，是自然而然的，不是思虑所能想到的，也就是圣人之大道，天下人、万古人都有这种为善之心。人之所以不知、不信这种道心，就是因为不知静只知动、溺于小而不知大。

"人不知而不愠，不亦君子乎？"这句话通常的解释是，虽然自己的名字不被别人知道，也不生怨气，这不应是一个君子所为吗？

杨简说，一个人如果在乎别人知不知道自己，别人不知道自己就不高兴或怨恨，就是贤德之人也能避免，这种不高兴或者怨恨不一定表现在脸上，如果积郁在思念中也是怨恨。子思说的远离尘世，不被人知却不后悔，只有圣贤能做到，《易》说的远离尘世、没有郁闷，不现于世，这是潜龙之德，不是道德纯粹并毫无名利之心的人是做不到的啊！这才是一个君子应有的作为。

《论语·为政》："由，诲女知之乎！知之为知之，

084

不知为不知，是知也。"

这句话通常的解释是，子路，我教给你对待"知"和"不知"的态度吧，知道就是知道，不知道就是不知道，应诚实面对，这才是真正的智慧。但杨简的解释与此不尽相同。

他说，如果有人以"不知"为"知"，那就是掩饰他的话来欺骗别人，本来不知道，却自以为知道，这当然不能是真知。因为不是真知，所以，诘难起来就会被逼到穷途末路，利用起来就会难以为继，而且似是而非，似明而昏，似真而伪。因此，以这种"不知"为"知"，还不如不知更好。因为自己知道自己没有某种知识，就不会将假的看成真的，就不会将昏暗看成光明，这也算是知"道"的人。因此，虽然没有某种知识却可以认为是"有知"，而且离真知不远。概括地说，不知道就是不知道，诚实无欺，无思无为，这就是"道"。

因此，孔子所以要讲"不知为知"，是因为圣人之"道"是不远离人的，人所立的"道"而远离人，就不可以为"道"。其实，心的精神是圣洁无瑕的，忠信就是大道，都是平常实直之心，它们没有形状、没有体积、没有边际，变化云为，无思无为，这就是"不知为知"。

二、"忠恕而已"

孔子之学，在一定程度上也是道德伦理之学，《论语》中记录了丰富的道德伦理方面的理念、规范，对提升中华民族的道德水平产生了深远巨大的影响。这部分主要列入杨简对《论语》中关于道德语录的解释。

《论语·为政》说："为政以德，譬如北辰，居其所而众星共之。"

这句话通常的解释是，用道德治理国家，自己便会像北极星一样，在一定的位置上，别的星辰都绕它而行。

杨简显然也主张以德治理国家，不过他对这段话的解释与我们熟悉的还是不太相同。他认为，孔子"为政以德"就是讲为政之道无出于德，概括得尽善尽美、简易明白。后世人不能理解孔子的意思，不懂孔子所讲的"德"，只熟悉它的名称，不能明白它的道理，认为"道"之外还有许多别的事情，诸如法令、礼乐、任选、赏罚、兵财等，可是，这些只是"德"的散殊而已。如果将它们理解为"德"之外的无穷之事，那么这表明既不知道什么是"德"，也不知道什么是"事"啊！

那么，"为政以德"是什么意思呢？

杨简说，如果政事不由"德"出，就不是德政，不以德行政，不以德治政，势必导致国家危乱；如果法令不由"德"出，势必遏制民众之善，催长民众之不善，而民众本有之良心必被贼害；如果礼乐不由"德"出，礼文不足以导民心之正，反起生民心之伪，音乐不足以导民心之和，反而感民心之淫；如果任选不由"德"出，贤能与不肖颠倒，贤能者受屈，不肖者得势，如何治理好国家社稷？如果赏罚不由"德"出，赏以行一人之私，罚也以行一人之私，赏罚不公，何以正人心？如果兵财不由"德"出，必导致将领不肖而士兵怠惰，兵弱财匮，如何去赢得战争胜利？

概言之，如果国君不能表现出本有之"德"，想获得政治上的成功是不可能的。因此，汉、唐治绩既然有可称道的地方，说明汉、唐时期的君主并不是完全没有彰显他们的德性。

杨简说，德之在人心，每个人都拥有它，并不是只有君主才有，只能说圣人先觉悟到我们大家都有的这个善心罢了，所谓"得其所同然"，讲的就是在"德"方面大家是一样的。天下人同此一心，同此一机，治道之机缄总于人君之一心，得其大总，则万目必随，一正君而国定。

君之有德，那么选任自明、教化自行、庶政自举，好比流着的水有它不尽的源头，还用担心断流？好比树木有它深厚的根须，还用担心没有枝叶？

杨简解释"为政以德"，完全围绕"德"字展开。在杨简看来，治理国家所涉及的所有政策法规，它的核心就是一个字，这个字就是"德"。而这个"德"是每个人心自有的，因而"为政以德"是内在要求。这个"德"是行治政事的"根"，因而"以德行政"便可纲举目张。对于国君而言，他能先觉悟到人人都具有的善心，因而国君的责任是重大的，他们不仅表现出内在德性，还要使民众德性表现出来，这样，"德"就成为整体，也就真正做到以"德"行政了。

《论语·里仁》："夫子之道，忠恕而已矣。"

这句话通常的解释是，他老人家（孔子）的学说，只是"忠"和"恕"罢了。不过，杨简的解释与此有很大不同。

他认为，将"忠"理解为流而不息，将"恕"理解为万物散殊，都是没能理解曾子的意思。为什么？

所谓"忠恕"，只是讲孔子之"道"在心中，不在心外，如果不断地求索这个"道"的话就会没有止境，不断地探究这个"道"的话就会没有尽头，因此，曾子为什么知道孔子的"道"全在"忠恕"二字呢？是因为他对孔子的"道"已经了然于心，洞彻无疑啊！

曾子曾经以为，孔子的"道"就是孝悌，就是事亲，并且把"事亲之心"与"他人之心"分开，认为是完全不同的东西。然而，当他接触到孔子"一以贯之"教导的时候，便茅塞顿开、恍然大悟了，原来被他视为决然不同的两个东西，现在都成了"一"。所以，"忠恕"之心就是孝友之心，就是事亲之心，它们是"一"不是"二"，是通而无间的。

孔子之"道"就是日用庸常，是简明平易的。就如孟子所说，这个"道"在近不在远，在易不在难，所以，没有必要跑到很远的地方去求索。"道"就是"仁"，就是人心，非常直接明白，毫无隐情。明白尧舜之"道"出于孝悌，就应明白孔子之"道"出于忠恕，明白尧舜之"道"不出乎徐行后长之间，就应明白孔子的"忠恕"本来就出于众人的日常生活。所以说孔子之"道"简明平易。

什么叫作"一贯"？杨简认为，日用庸常就是"道"，此"道"贯通于日用庸常而为"一"。"忠恕"之心普遍地存在于天地、万物、鬼神之间，换言之，天地、万物、鬼神因为"忠恕"而成就它自己。

自不可有差异的观念去看，天之气、地之形与万殊之不可胜穷，与人位于天地之间，都同体而异形，同机而异用，好比人的耳目鼻口手足而一身，也好比木之根干枝叶华实而一木，顺势而推开，就是仁、义、礼、智，曾子称之"忠恕"，又称之孝，子思称之"中庸"，又称之诚，实际上是"一"。

但有些人就是不能领悟"一以贯之"的意思，作些多余的解释，比如子思。子思讲"忠恕"违"道"不远，这种说法是有害于道的，因为"忠恕"就是"道"，怎么可能在"道"的外面呢？再说了，如果以为"忠恕"是违背"道"的，那怎么去"一以贯之"呢？再如程颐解"一以贯之"之"一"，竟然有"'一'多在忠上、多在恕上"之说，而且认为应该多在"忠"上。杨简认为，这种解释特别蔽室，根本就没有理解"一以贯之"的本意，而所谓"体认"，正表现程颐用意积力的状况，可是孔子并不教导人体认啊！

为什么有人不能明白"一以贯之"的意思呢？所谓"夫子之道，所以愈昏昏于天下，乾坤易简之理，所以戛戛乎始返而为难"。杨简认为，一是因为有些人看贱自己，以为自己不可能识得孔子之道，那只是圣人的事情；而他们平时又嫌于妄虑纷纭，恶习深固，织织藩篱，层层限制，将自己置于孔子之道千里之外。二是因为有些人受困于己私，囿于所见，夺于其形，执于其名，断然认为天地必不与他相似，万物必不与他一本，心体之间，其喜其怒，其哀其乐，以及语默意虑，少壮衰老，都不能统一，那自身之外纷杂的天地万物又怎么可能统一呢？

因此，在杨简看来，忠恕之心是每人都有的，没有圣凡之别。有些人之所以不能觉悟到这个"道"，就是好比他晚上肚子饿了寻找食物，可是蜡烛灭了，他竟然与蜡烛对坐一晚而不知道点燃蜡烛寻找食物，他怎么可能得到忠恕之"道"呢？

杨简甚至认为，"道"就是"一"，"贯"也是多余。因此，曾子并未完全觉悟。

由杨简对"忠恕"的解释可以看出，杨简认为"忠恕"之道即是孔子之道，这个"道"是本有的、自善的，即是仁，即是心；它存在于生活中，万物因它而存在，所以，这个"道"是通于天地人万物的，也就是可"一以贯之"的。不过，有人不能识得"忠恕"之道及其特性，如子思、程颐都有误解的地方，根本原因就在于，不能理解"道"的通透性、超越性，不能理解孔子之"道"的生活性、日用性，不能理解孔子之"道"的简易性、平常性，而且又以自我为中心，将自己关在笼子里，看不到他人、社会、世界之大，却自我感觉很爽。

三、"四十不惑"

《论语》中有许多关于人生哲理的话，对人生态度、人生价值，都有许多非常精彩的观点。这部分主要列入几段杨简对《论语》中关于人生语录的解释。

《论语·为政》："吾十有五而志于学，三十而立，四十而不惑，五十而知天命，六十而耳顺，七十而从心所欲不逾矩。"

这句话通常的解释是，（孔子说），我十五岁时，便立志于学习，三十岁时，能立身处世，四十岁时，可以免于迷惑，五十岁时，已经能够领悟天命的道理，六十岁时，可以明辨是非，七十岁时，终于能做到随心所欲而行，且所有行为都能合于规矩。

杨简的解释又是别具一格。他说，孔子的学问与别人的学问不同，孔子的学问是明确行动、实际的学问，别人的学问是盲目行动、虚妄的学问。为什么这样说？

杨简说，孔子在为学实践中，体悟到整天在那里琢磨思考没有用，因为他发现经礼三百、曲礼三千，都是人心中之物，根本用不着去思考。而所谓发愤忘食，虽发愤但不起意，好谋而成，虽好谋但不动心，终日变化云为但却是至静之态，终身应酬交错但却如一日无变，这就叫作"适道"之学。

杨简说，孔子从学习到悟道，从悟道到挺立于社会，一共花了三十年的时间，直到三十岁才立于社会。这个"立"不是学习之外有个"立"，学习的过程，同时是成长固立的过程。因此，困苦患难足以动摇他的心的人，不叫"立"；富贵声名足以动摇他的心的人，不叫"立"；白刃鼎镬足以动摇他的心的人，不叫"立"。"立"不是勉强而为之，也不是强力而为之，那种以强力而"立"，只是暂时的而非恒久的，"立"是人心所本有，如果戕杀而贼害之，必导致其孱弱而不能"立"；"立"也不是孔子所独能，每个人都有"立"之能，只是没有朗明而已，没有学习，所以未"立"。

杨简说，"立"是贯通于所有物的，所以，"立"即意味着不惑。孔子既明了自己，又明了事物，达到物己一贯，利害一贯，本末一贯，虚实一贯，众寡一贯，到了这个境界还有什么"惑"可言呢？这就是所谓"四十不惑"。

杨简说，一则虚，虚则明，明则无所不照，所以，凡物之情理昭然自明，凡事之利害晓然自辨，可以讲是光明洞彻内外。但旧习之气或许未能尽泯，而且感物而动，日用不为，以致存在不知道自己的所作所为就是天命的情形。其实也不是不知道，只是因为习气偶尔发作而使人昏沉，这可以叫作"不知天命"。但到了五十岁时，孔子的旧习之气消尽，再也没有所谓"昏惑"，自然就到了"知天命"的境界。

杨简说，孔子活到六十岁时，面对身外世界万有之物，好比明亮的镜子，妍丑万状，纤微毕见，但镜子没有任何动作。具体言之，就是凡物之顺乎我，不再微动其意，凡物之逆乎我、阻乎我，亦不再微动其意，顺逆一物，物我一体，明之非难，常明为难，常纯纯然而无间，这就是"耳顺"。无论是上古之事，还是眼前之事，无论是黑夜，还是白天，耳都可以迎送自如，所谓怡然而顺，纯然而和，这也是"耳顺"。因此，一旦"耳顺"了，那就没有什么不顺的。

杨简说，孔子活到七十岁时，便达到从心之所欲不逾矩的境界。这是无以言表的境界。不过，这并不是说人没有活到七十岁时就可以逾矩，只是因为这里谈到"从心所欲"，而提醒学者们不可逾矩。对于孔子而言，从开始到最后都是一样的，"道"没有先后精粗之别，但进德却有先后、精粗之序，如果说"道"有先后精粗之不同，那怎么理解"一以贯之"？

杨简的解释也不是没有疑问，他的学生汲古就连续问了两个问题。一个是：人既然有知觉，便无不通达，为什么孔子讲五十而知天命？杨简回答说，这就是圣人之学，自十五而志于学，三十而立，四十而不惑，学力进步有次第，求学之初，虽然已经知道天性之本然，但由于习气突然发作，天性不纯，日用应酬之间，习气未能完全稀释，只有到了五十岁才知道这些不过是天命而已。另一个是：耳目同体，何以言耳顺，而不及目？杨简回答说，眼睛所能看到的东西少，耳朵所能听到的东西多。黑夜里没有月亮和蜡烛，眼力所看不到的东西，耳朵可以听到它的声音，由近而远，四方万里，事物情状，眼力所不能达到的东西，但耳朵都能听到，而且，自此而上极于远古方策之所传，言辞之所及，也都属于听闻。这些无不融然为"一"，怡然而顺，纯然而和，所以称为"耳顺"。

杨简的解释是作为进道的次第，认为人的一生大体上都如此，当然，因为能力不同，能否获得相应的境界，还是个问题；强调本心自有，强调自我主宰，强调自我修持；心学特点非常鲜明。

《论语·述而》："发愤忘食，乐以忘忧，不知老之将至云尔。"

这句话通常的解释是，叶公向子路打听孔子的事情，子路没有回答。孔子知道这件事后，便对子路说，你为什么不告诉他：我老师这个人啊，发愤学习，时常会忘记吃饭，高兴起来会忘掉忧伤，以至不知道自己什么时候变老了。这段话应该不是很晦涩，而杨简的解释很有自己的特点。

他说，发愤忘食，竟然如此用力，我不敢想象是如何用力的？乐以忘忧，我也不敢想象所乐在何处？至于连自己变老了都不知道，我搞不懂这话是什么意思。杨简说，发愤读书，应该不能说有什么可乐的，当今圣人都以天下人所乐为乐，但这又有时间性，当今圣人却要以此乐终老，这个意思，圣人自然知道。自孔子以来，历经几千百年、几千万人，都敢说不知乐天下之乐。没有知识的人自然不知道，有知识的人也不知道，如果可以得到并知道天乐，那就与思虑无关。如果可得而知，则与思虑无关，因为不离于思虑的话，就必然有起有止。思虑发起便知道，但它的停止，就不得而知了。这种"知"还不能维持一天的时间，更何况一辈子呢？所以，不会有以发愤读书为快乐一辈子的事啊！

所以应当知道，"发愤忘食"并不是用人力，"乐以忘忧"指的是天乐。人心是可知的，但"道心"是不可知的；人乐是有尽头的，但天乐是无尽头的；可知的东西，在时间上有长短；不可知的东西，则前无端绪，后无终止。而且，喜怒哀乐、今日明日、生与死，都是"一"，概无差别，自然是"不知老之将至"了。孔子都不知道"老之将至"，后人怎么可能知道呢？

孔子所知道的，就是"心"而已，而孔子所认的"心"也是我们自己的"心"，古今没有二心，文王之不识不知，颜子之如愚，子思之无声无臭，孟子之圣不可知，都是这个"心"，古今不容有二心。

杨简说，发愤忘食的人没有见过，哪还有谁能快乐到连忧愁、忧患都忘记的呢？发愤忘食的人没见过，又有谁能乐以忘忧呢？

孔门中有所谓孔门之日月至者、三月不违仁者、舞雩咏归者，可以说是乐以忘忧，但曾晳鞭挞曾子几于死，怎么可能有发愤忘食之学呢？颜回短命，也没有成为好学到日至、月至程度的人。因此，虚明澄然而精一纯明，至于不知老之将至，只有孔子一人罢了。

孔子只讲发愤，不讲为什么发愤，那么，发愤是什么意思呢？孔子只讲乐，不讲为什么乐，这又是什么意思呢？只好接着说，不知老之将至。哎呀，说得妙极了！假使通过发愤而达到"道"的境界，那么这种事简单可说，用不着孔子，孔子不是这个境界；假使所乐的东西的意思是可说的，那么也用不着孔子，因为孔子根本就不是这个境界。

孔子曾说，我有知识吗？没有啊！孔门弟子往往都以为孔子真的没有知识，所以孔子才告诉他们，我讲"无知"是因为，人心就是道心。孔子说的这个"道心"无体无方，清明静一，它的变化云为，虽万种不同，如水镜之毕照万物而非动，如日月之普照万物而非为，世人取其名为"心"。这个"心"无所不通，就是说像道路那样四通八达，没有任何障碍，人人都由这个"道"通行，既没有可以被抓住的实际之物，也没有可以被指称的具体之事，因此，是"无知"。而"愤"，就是愤己，道德未纯才发愤，融融纯纯，非思非为，所以会忘食，这种境界只有那些亲自实践的人才能体会得到。这种无思无为之妙，当然是无始终、无今古，自然也就是"不知老之将至"啊！

《论语·先进》："未能事人，焉能事鬼？敢问死。

曰：未知生，焉知死？"

这句话通常的解释是，子路问侍奉鬼神的事。孔子回答说：活着的人还不能服侍好，怎么能去服侍死人？子路又问关于死的事。孔子回答说：生的道理还没弄明白，怎么可能弄明白死的道理？对此，杨简的解释又有新意。

杨简说，人鬼、生死其实就是一，这是人道的极点，贯通三才万古，分开说有所谓鬼、神，合起来讲就是"一"。孔子说过，人是天地之德、阴阳之交、鬼神之会、五行之秀；《中庸》说过，天地之道，作为物只是"一"。天是人的清明，并不仅仅是人的魄气归于天，地是人的博厚，并不仅仅是人的体魄复于地。就是说，天地人的合一，不仅仅是物质层面的合一。人心广大虚明，变化万状。《易传》说"范围天地"，《中庸》说"发育万物"，何止是圣人如此，事实上人人如此啊！只不过是圣人先觉悟到我们大家共同的善心而已。

德性无所生，怎么会有死呢？因此说生死、天地、万物是"一"，没有二道。这个道理非常清楚明白，不需要急于在庸人面前说出。只能说，不能把人侍奉好，怎么可能把鬼侍奉好？不懂得生的意义，怎么可能懂得死的意义？所以，应该先侍奉好人，才可能侍奉好鬼；先把生的道理搞懂了，再去搞懂死的道理；或者，应该把重点放在现世的生活上。因此说，合"鬼"与"神"是教化最高的道理和方法。

杨简进一步说，人的骨肉腐烂之后为野土，这就是"我"的地，但它的气蒸发上扬而为昭明，这就是"我"的天，世界上所有事物都有这个地，都有这个天，天地精妙所在，就称为鬼神。比如说"祖"和"考"，圣人为了让人民知道祖考之精神是永恒的、不会泯灭的，于是创造祭祀之礼，并建造宫室作为庙堂，设立宗祧以确定远近亲疏的秩序，根据人心之所向，以教化人民返古复始，追思祖考，不要忘记他从哪里来的，这都源于本心之孝。在这个基础上，又形成两种礼：其一是早朝祭事有燔燎膻芗，萧光显现，这是报气，气就是神，这是教导人民返本归宗，以通祖考之神；其二是荐黍稷，羞肝肺首心，间以侠瓬斋酒，加以郁鬯，臭阴所达，这是报魄，魄就是鬼，这是教导人民相爱，以通祖考之魄。

可见，上下用情，孝事其亲，鬼神合一，生死无二，不是非常明确的吗？只是某些人自以为"二"而已。因此，反古复始，追思祖考，而不忘其所由生，以敬发情，竭力从事，不只是践行道心之孝，同时也用以教化万民。

在杨简看来，生死鬼神是没有分别的，它们本来就是"一"；而且，这种合一对于儒学而言是制礼祭祀以教化之的根据，所以说是教化百姓的根源和根据。

杨简对于生死合一的解释，从儒家宗教祭祀、礼仪展开，这种解释切合儒家思想的实际，儒家义理系统完全有支持生死合一的理论根据。杨简还讨论到儒家教化思想，他的观点是，儒家所有的主张，实际上同时是教化论。

《论语·尧曰》：“不知命，无以为君子也；不知礼，无以立也；不知言，无以知人。”

这句话通常的解释是，不懂得命运，没有可能成为君子；不懂得礼，没有可能立足于社会；不懂得分辨别人说的话，没有可能认清这个人。那么，杨简有怎样的解释呢？

他认为，人之所以钻营不已，意欲向前膨胀，就是因为不知“命”，如果知“命”的话，就会知道我们每个人所处生存状态不过是“命”罢了。比如，一个人的贫富、贵贱，是命；一个人居什么位置，住什么样的房子，穿什么样的衣服，吃什么样的饭，也是命。这些都不是人说改变就可以改变的，所以不用去追求；不用去追求，自然也就用不上思虑了。

“命”不是人力所能把握的，小人也知道有“命”。但是，不是根据“道”去作为而得到的，不是“命”；连自己所得到的东西都不知道，才是“命”。不是根据“道”去作为，也未尝不可，只是不根据“道”去作为，就可能招致祸害；所以，君子都不会随意发挥能动性而有所作为，只是按照“道”而行事就可以了。

人们之所以不停地进学，是因为他们能自觉地受约于礼，懂得受约于礼，那么，一进一退，一语一默，一动一静，一予一取，都会中正适当，而且是不可改变的。所以说“立于礼”，是因为“礼”就是“道”存在的地方。而且，“经礼”有三百之多，“曲礼”有三千之富，人无论是说话还是沉默，无论是前进还是后退，他的视、听、动、止都离不开“礼”。所以，一个人不知“礼”，便会茫然无所据，不能立足于社会啊！

至于“知言”的妙处，不是方术之所能做到的，也不是思虑之所能达到的，人心自明，人心自灵，无有作好，无有作恶，无思无虑，自清自明，自能辨别他人说的话，自能知晓他人的底细。

耳目之力无须人为增加，手足之动无须刻意安排。"知言"不可强求，聪明的人自然会知，不明白的人自然不会知。那么，人因何而聪明呢？人心未尝不明，孔子说"心之精神是谓圣"，所以，人的聪明睿智无须他求，只是有时因为动了意念而昏暗，才丧失他的聪明，人能做到"无我"就会聪明。孔子曾说，一个人清明不清明，完全取决于自己，志气好比神，好比水镜；水镜，因为没有意念、没有私我，所以没有什么不可以照彻的。

四、"用力于仁"

"仁"是《论语》的核心概念、核心思想，孔子强调"仁"是本我的德性，是否有"仁"的信念，是否实践"仁"，完全是主体自我行为。这部分列入杨简对《论语》中关于如何实践"仁德"语录的解释。

> 《论语·颜渊》："克己复礼为仁。一日克己复礼，
> 天下归仁焉。为仁由己，而由人乎哉？"

这句话通常的解释是，抑止自己，使自己的行为合乎礼，这就是仁。一旦人们都能使自己的行为合乎礼，天下人也就都归于仁了。实践仁德，完全是每个人自己的事情，还用得着别人帮忙吗？对此，杨简的解释可谓别出心裁。

杨简说，训"克"为"胜"，不一定是孔子的意思，而从颜回的气质和他实践的安贫乐道之学看，他即使有过错也是微不足道的，并不需要"克服"以胜出。

从《诗》《书》记载看，大多释"克"为"能"，而孔子又说"为仁由己"，既然是为仁由己，即完全是主体自己的作为，自然无须"胜己"。让人遗憾的是，几千年来，正确理解

"克"之真义的人少之又少。

自己本无过错，与天地万物为一，范围天地，发育万物，凡人与圣人一样都有这样的心、这样的能。

颜回劳困于钻研，想跟随孔子问道却不知道从何下手，这表明颜回仍然认为"道"在身外。孔子便教给他至易至简之学，即"克己复礼为仁"。

"礼"不是身外之物，而是人自有的，有了礼，人心便有所安。所以"复礼"不过是回到本有的状态而已。"复"也并不意味着做什么额外的行动。

根据"礼"在我心的观念，就可范围天地，天下人必然归于"仁"。所谓"由己"，就说明"仁道"在我。

颜回虽然领会孔子的教导，但又疑心有条目之事，孔子又教导他"非礼勿视、勿听、勿言、勿动"，所以，不过"礼"而已，没有别的事情。"礼"乃是道心发见于文，乃心之自有，虚明无我，无私可克，因此守仁之道，不过蒙养而已，不必外求。孔子发愤忘食，用的不是思为之力，不是知识之力，觉悟的人自然知道其中的道理。

> 《论语·里仁》："我未见好仁者，恶不仁者。好仁者，无以尚之；恶不仁者，其为仁矣，不使不仁者加乎其身。有能一日用其力于仁矣乎？我未见力不足者。盖有之矣，我未之见也。"

这句话通常的解释是，我不曾见到爱好仁德的人和厌恶不仁德的人。爱好仁德的人，那是再好也没有的了；厌恶不仁德的人，他行仁德，只是不使不仁德的东西加在自己身上。有谁能在一天坚持使用他的力量于仁德呢？我没见过力量不够的。大概这样的人还是有的，我不曾见到罢了。那么，杨简又有什么精彩的解释呢？

杨简说，颜回用力与别人不同，他人用的是意、必、固、我之力，所以最终是不够的。如果用的不是知识之力，所以不会不够。比如，孔子所谓"君子无终食之间违仁，造次必于是，颠沛必于是",是至理之言。为什么这样说?所谓"造次颠沛",就是坚信不可置意、必、固、我于其中,就是坚信忠信即我之道心。再如,孔子所谓"君子去仁,恶乎成名",就是勉励学者用力于仁。志于仁,用力于仁,但这个"用力于仁",就是必须不处不以"道"得来的富贵,不去不以"道"得来的贫贱。

孔子为什么说没有见过"能坚持一天用力于'仁'的人"呢?杨简说,有人虽已闻道,但不精不一,怎么可能不用力?但这种力不是"思为"之力,所以孔子说未曾见过;力不足的人很多,原因在于他们不知"道",想用"思为"之力,那自然是会感到力不足的。孔子与别人不同,他已得道,道心无思无为,好比日月之光普照万类,因而他的"力"从没见过不足的情况。

从常理上讲,"道心"都是明朗透彻的,只是由于旧习熏染,所以必须用力去恢复,不到精熟的程度,就不能停止用力。长期坚持用"思为"之力便可走向精纯,走向泯然无际。

就是说,开始还是需要"思为"的,但却是至平至易,过失之泯灭,如雪入水,道心发光,如大阳洞照,无拟议,无渐次,不可度思,自然没有力不足的麻烦。这就是孔子所说的"用力",也是孔子本人之"用力"。

但小人总是用力不足,原因在于小人荡然无忌惮,以为不需要用力于"仁"。可是,"仁"不是仅仅知晓就可以的,更重要的是实行。果核中之所藏叫作"仁",它无思无为,但却有发生的能力;仁道也是如此,圣人可寓教于百物万事,它的旨趣是微妙难测的。

冉求跟老师孔子说,我并不是不喜爱老师的"道",实在是力不足所致啊!孔子则告诉冉求说,那些讲力不足的人,是中道而废,是自己停止不前进,你冉求就是这样一个人。可见,孔子根本就不认为有力不足的情况,都是自己停止才如此。为什么呢?"道"是无所不通、无思无为的,不是人自阻隔、自起意,怎么可能力不足呢?因此,孔子所讲"力不足",不是讲学道的人在求"道"过程中有"力不足"的情况，而是讲徒步远行中"力不足"的情况，徒步远行而"力不足"，自然会半途而废。

《论语·卫灵公》："吾尝终日不食，终夜不寝，以思，无益，不如学也。"

这句话通常的解释是，我曾经整天不吃，整晚不睡地思考，但好像没有收获，不如去学习。对此，杨简仍然有他的妙解。

他认为，孔子这里讲的"学"，不是思考的意思。孔子讲的"我学不厌""用力于仁""吾有知乎哉，无知也""不知老之将至"等，都是无思无为的意思。那么，什么是孔子之"学"呢？人心清明无体，变化云为，如四时替行、日月代明，这就是孔子之"学"，也是天下万世学道者之"学"。

因此，这个"道心"是视之不可得而见、听之不可得而闻的，"学"自然不足以言"道心"。但孔子说过，学者只是初步觉悟到这个"道心"，但因旧的习气没有消尽，日用万变稍有转移，都足以吞噬无思无为的"道心"，因此又不可以不学。

但是，这里所谓的"学"，不是思索，不是用体力，而是"不学习之学""非力量之力"，因而无法用"有无"去形容，无法用"作缀"去解释，无法用"动静"去描述，无法用"虚实"去说明。然而，究竟怎样泯灭旧的习气呢？又怎样不被外物转移呢？只有期待道心发光，如太阳洞照长年积郁的习气，如雪融于水，不可度思；也如《易》说"蒙以养正，圣功也"，所谓"蒙养"，这就是"用力于仁"。

《论语·里仁》："君子无终食之间违仁，造次必于是，颠沛必于是。"

这句话通常的解释是，君子没有在吃完一餐饭的时间离开过仁，在仓促匆忙的时候与仁同在，在颠沛流离的时候还是与仁同在。杨简的解释仍然是别有新意。

杨简说，这句话意思就是，"仁"不仅是"知"就可以，更重要的是"行"。为什么？杨简举例说，造次必于是，颠沛必于是，肯定不是"知"所可达到的；只有仁者能好人，能恶人，必于好恶间检验它，不是"知"所能做到的；观察过错才能知晓仁，过失没有全部消去，不可称作仁，这也不是"知"所能做到的；孔子回答弟子们的问题，对于不同的问题给予不同的回答——答颜子之问，以克己复礼；答仲弓之问，以敬与恕；答司马牛之问，以讱其言；答子张之问，以能行五者；答樊迟之问，以爱人，又答以居处恭执事敬与人忠；这些讲的都是实践履行，也都不是"知"所能做到的。

如果达到这个境界、觉悟到这个道理，就是本末贯通、浑然天成，就是孝悌忠信，就是无声无臭之妙，就是戒谨恐惧，就是不识不知之则，就是人伦日用，就是唯精唯一之极。

因此，儒者不可不以"仁"为己任，"用力于仁"，是圣人操守；三月不违仁，是亚圣的标志；一日或一月实践仁，那就是诸子的作为了。仁者能长寿，因为仁者可以做到念虑闲静，气凝意平，这不是仅仅靠知晓"仁"所能做到的，更重要的是实践"仁"。

以上展示的是杨简对《论语》解释的片段。通过这些片段，杨简对《论语》解释的特点已清晰地呈现在读者面前。杨简认为，孔子讲的"学"不是学习之学，孔子讲的"用力"不是"体力"之力，孔子讲的"发愤忘食"，也不是真的发愤到连吃饭都忘记了，而是因为孔子所追求的"道心"，是无思无为、空洞虚幻的，是本有的，是内在的。杨简认为，孔子讲的"无知"，不是讲没有知识，孔子讲的"无力"，不是讲不要体力，孔子讲的"一以贯之"之"贯"也是多余，因为孔子之"道心"的把握是不需要知识、不需要智力、不需要人为力量的。

第6章

别样诠释与思想精义

儒家的"五经""四书",从来就是儒家学者学习、解释的基本文本,儒家思想的延承和发展的历史,在很大程度上就是儒家经书的解释史。不同时代的儒家学者就着自身的时代、知识、个性、价值等因素,对儒家经书进行解释、评论,这样,不同的儒家学者对儒家经书的理解、评论便呈现自己的特色。杨简对儒家经书多有褒贬,对经书的解释屡有奇想,而其在解释儒家经典中所形成的思想精义更是让人耳目一新。

一、放眼经书论褒贬

这里叙述的杨简对儒家经书的判断和评论,主要摘录杨简关于儒家经书版本、宗旨、言论归属、思想是否正宗等方面的内容。杨简所判断和评论过的儒家经书涉及面很广,这里只就《易》《论语》《孟子》《大学》《中庸》等经书加以考察。

《易》道为一

《易经》的版本向来有多种说法,杨简也提出了自己的看法。他认为,他那个时代的《易经》属于汉代费直所传古文版本,刘向则是以今古文《易经》校施雠、孟喜、梁丘三人的《易经》,有时脱去"无咎""悔亡"等内容,只有费直的《易经》与古文相同。

他认为，夏后氏之《易》称为《连山》，《连山易》以重艮为首；商人之《易》称为《归藏》，《归藏易》以重坤为首；周人之《易》则以重乾为首。而根据《汉书·艺文志》所列《易经》篇数，共有十二篇，包括《上经》《下经》《大象》《小象》《乾文言》《坤文言》《上系》《下系》《说卦》《序卦》《杂卦》等。他采用《周礼》之《大卜之官》的说法，不同版本的《易经》的主卦都是八，演绎之后都是六十四卦。

他还指出，先儒都说文王特别看重《周易》，这是不对的，因为到了孔子的时代，归藏之《易》还在流传，所以才有孔子到了宋国而得坤乾之说。然而，综合《连山》《归藏》《周易》来看，八卦之妙，大易之用，混然一贯之道，昭昭于天下，根本就不存在后儒所说的"易"都以乾为大、坤次之的现象。

杨简认为，将《连山》之易、《归藏》之易、《周易》之易综合起来看，便可清楚地看到，天、地、人三才都"易"，三才的变化，有时杂，有时纯，纯的时候它的名叫乾坤，杂的时候它的名叫震、坎、艮、兑、离、巽，都是一物，是一个物八个名称，开始并无大小、优劣的差别。它们在形态上有大小，但从"道"的角度看无大小，它们在品德上有优劣，但从"道"的角度看无优劣，或者以"艮"为首，或者以"乾"为首，清楚地表明八卦都是"易"，"易"道则变一为八，它的变身虽然为八，但它的"道"实际上是一。

杨简分析说，乾之《象传》说，"易"道大啊！它无所不能。《文言》虽然以元、亨、利、贞说"乾"，但又说"乾元，始而亨者"，这就是合"元"与"亨"而为一。《象传》举乾元以统亨、利、贞，那么四德之名虽然不同，但在本质上是相同的。因此说，六十四卦都是"易"，六十四卦都是元，都是亨，都是利，都是贞，圣人偶尔有所言，偶尔有所不言，随意发明，举一隅三隅可反。《易》中的各卦没有优劣的关系，也没有大小的关系，象辞也好，文言也好，虽然排列、解释不尽相同，但本质上是没有差别的，都是从它的角度来表明"易道"，每个卦都是元，都是亨，都是利，都是贞。

《周易》是一部奇书，多少人为寻找它的宗旨而废寝忘食啊！杨简认为，《周易》的宗旨就是开人心之明。人心之明就是人心之善，就是将人心善质开启并彰显出来。因此，《周易》所有卦、爻等都不过是使人心善质呈现出来罢了。那么，怎样去开启人心之善呢？杨简认为只有反身向内求索。如果有人以为求索于书本可以使人心之善彰显出来，就是对古圣的旨意的不了解。为什么？自古以来，读书的人多如牛毛，但能悟道的人凤毛麟角，就是连孔门弟子中，也只有颜回做到"三月不违仁"。而且，这种方法方式是不言传的，是不可以训诂解释的。杨简将孔子讲的"无知"解释成"'道'不需要知识把握，或者不能用知识把握"，这就是从心学方向的解释。

《易传》中常出现"子曰"，更多的情况是没有"子曰"，那么，如何判断哪些话是孔子说的，哪些不是孔子说的呢？杨简的判断也是很值得我们玩味的。

"鼓万物而不与圣人同忧。"杨简认为，这不是孔子的话。他说，忧即天，万物即天，怎么会有"鼓万物而不与圣人同忧"的话呢？这分明是孔子的学生没听明白老师的意思而把自己的意见掺杂其中的结果嘛。

"易与天地准，故能弥纶天地之道。仰以观于天文，俯以察于地理，是故知幽明之故；原始反终，故知死生之说。"杨简认为这也不是孔子说的话。首先，天地即"易"，它们是"一"，"易与天地准"之说显然是多余；其次，幽暗光明本来就没有缘故，哪需要"仰观俯察"地寻找呢？死生本自然，哪需要"原始反终"地求索呢？可见，这些都不是孔子说的话，而是他的学生们说的话。

"继之者，善也。"杨简认为，神即"易"，"道"即善，根本不需要"继"，说"继"，就是把"道"看成可以分离的，是"离而二之"，属于庄子虚无之学，当然不是圣人大道。

"天地设位，而易行乎其中。"也不是孔子的话。杨简说，天地与"易"是"一"，讲天地设定位置而易道运行于其中，这不是将天地与"易"完全看成两个不同的东西吗？只有孔门弟子不能识得这个道理，才会有如此糊涂的说法啊！

"形而上者谓之道，形而下者谓之器。"杨简说，"道"圆融无碍，无处不在，无形上形下之别，这显然不是孔子的话。

"易，其至矣乎！夫易，圣人所以崇德而广业也。"杨简认为，这肯定是孔子说的话，圣人即易，德业即易。

杨简曾说，他判断《易》中某段话是不是孔子的言论，就看前面是不是有"子曰"二字，他认为只要是冠上"子曰"二字，即便有些错误，那是记录者的问题，基本上都是可信的。事实上我们清晰地看到，杨简判定某句话是不是孔子讲的，还有孔子之外的根据，那就是万物皆一、万事皆一、万理皆一、万道皆一；因此，善于学习《易》的人，反身向内求诸己就可以了，如果求诸书，则可能劳而无功。

《论语》求证

关于《论语》版本及《论语》的内容结构、书的性质，向来是仁者见仁、智者见智。杨简对这些问题也很感兴趣，都程度不同地表达了自己的看法。

杨简认为，他那个时代通行的《论语》是今文版的《鲁论语》，而不是孔壁中找出来的古文版《古论语》。《古论语》"尧曰"章中"子张问"另为一篇，而"子张篇"有两篇，因此共有二十一篇，篇次与《齐论语》《鲁论语》不同，而且，《鲁论语》与《古论语》相较，文中不同之处达四百余字，可见差别很明显，更何况其为文简短，很多地方都有失当日话语本真，所以后来的学者不能立即明白，而且各种说法多而混乱。

那么，《论语》是怎样成书的？杨简认为最早是由有子的学生记录编撰而成，首篇首句记录的是有子之言，而且不只一、二章，所以，《论语》的首篇记载有子的话很多，可是，有子本人都不曾被曾子所认可，更何况他的学生呢？而记载曾子的话就很简略。

而且，他们的记录也难取信于人。比如，孔子行"四教"——文、行、忠、信，这是记录者的话，绝不是孔子本人的言论。为什么？孔子曾说："行有余力则以学文。"而记录者冠"文"于首，可见，他们的见识还不如有子啊！怎么可能懂得圣人言论的宗旨呢？

所幸的是，关于圣人言论的记录虽有差错，但圣人思想大体仍然保留本貌，读者可以默会圣人的意思。比如，孔子每每止绝学者的妄念恣意，每每止绝学者的拘泥固执，止绝学者的绝对肯定，止绝学者的唯我独是，因此，即便不能全部记录下来，还是可以成为后世学者的明灯。

当然，孔子其他的至理名言也应该完整地记录下来。比如，《孔子闲居》一篇，《燕居》一篇，《礼运》一篇，以及与子思说的"心之精神是谓圣"。至于"鲁公曰：'是非吾言也，吾一闻于师也。'孔子呀焉其色曰：'嘻，君行道矣！'公曰：'道耶子？'曰：'道也。'"应该算是记录的典范。可以设想，如果要是颜回记录编撰，那所记录的肯定都是孔子的言论，而且不会失真。

因此，有子、子夏这些学生的言论损害圣人之道不浅啊！他们的话即便是金玉良言，也只能放置卷末，不可放置前篇，如果有问答方面的言论，也应根据圣言的顺序而记录。

在杨简看来，有子及有子的学生的水平是比较差的，他们的记录编撰都存在问题，他们不能领会圣人的意思，有失圣人本旨；但他肯定孔子言论大体还是保存完好，通过《论语》版本，还是能够读到圣人的精微之意；他对《论语》中孔子及弟子言论的排序提出不同意见，认为孔子弟子的言论不应排在孔子前面，即便有很好的言论，也应该放置孔子相关言论之后；不过，很明显，杨简对《论语》的点评显然更多的是根据自己的价值立场、态度而展开，他的肯定和否定主要不是以科学的根据，而是以人文的根据。

《孟子》多瑕

有宋以降，《孟子》受到儒家学者比较多的关注，褒贬不一，众说纷纭。杨简作为象山弟子之冠，不能不关注《孟子》。那么，杨简对《孟子》有怎样的评说呢？

杨简认为，孟子之学既不是讲舜的精一之学，也不是讲傅说的德修罔觉之旨。孟子讲伊尹治亦进、乱亦进，并不符合伊尹之心，只不过是就着汤、桀的行迹而说的，因为伊尹身处畎亩之中时，以尧舜之道为乐，即便汤再三派人聘请他，也是不会出山的，哪里有什么"治亦进、乱亦进"的情形呢？这完全是臆测啊！不过，在《孟子·万章》篇中，孟子对于伊尹接受汤聘请的解释是，伊尹是以道义为根据行事的，是以天下人的幸福为根据行事的。因此，杨简指责孟子讲"伊尹治亦进、乱亦进"可能根据不足。当然，如果事实真的如杨简所说的那样，在汤再三派人聘请的情形下，伊尹始终没有允诺出山，那杨简的批评是可以接受的。

杨简认为，孟子所讲"吾善养吾浩然之气，养而无害，则塞乎天地之间"是支离的。为什么？"浩然之气"即是道，即是善心，即是性体，这个道、善心或性体是圆融的、浑然一贯的。所以，孟子说"养"，就是不认为性体是广大的；而说"浩然之气"需要配"义"与"道"，更是不适当，因为"道"就是"义"，它们不是"与"的关系，"气"就是"道"，也不可以讲"配"。所以，"吾善养吾浩然之气"之说的确显得支离。

另外，孟子又说"无暴其气"。"浩然之气"即是道，即是义，即是性，即是善，哪有什么"暴""不暴"的问题呢？这说明孟子并没有认识到"道"的本性。

事实上，人之善体，从人、物的角度讲称为性，从人、物万化莫不由之角度讲称为道，从蕴缊、和育、发达的角度讲称为气，从万事各有恰好处角度讲称为义，从恻隐之心讲称为仁，从恭敬之心讲称为礼，从诚实之心讲称为忠信，其实是一个东西，只是从不同角度表述才显出差异罢了，哪里有纷纷实殊而本不可同之体？就好比镜中的气、水中的形、性中的变化，虽然有小、大，有消、长，有动、静，有实、虚，有多、寡，有异、同，变态万状，不可胜穷，但实际上还是那个"性"。而且，这个"性"人人都有，只是因为普通人遮蔽了它，而君子彰明了它，被遮蔽的时候，似乎消失了，被彰明的时候，似乎回来了，并不是普通人本来就没有啊！

所以，性体之所以变得狭小并不是性体本身变为狭小，而是因为被遮蔽了，所以去除蔽体便可重新再现它的广大，所以人其实只是恢复心体本有之广大，并不是心体有消有长。孟子的错误正在于他将性体的大小看成时空造成的。

孟子曾说："养心莫善于寡欲。其为人也寡欲，虽有不存焉者，寡矣；其为人也多欲，虽有存焉者，寡矣。"这句话一直为后代儒者所解释所肯定，不过，杨简对此却颇有微词。杨简说，只有有体积的物，才会有场所、有空间，有场所、有空间才可以言"存"，可是，道心自有、本有，无体积量度，即是无体之物，无体之物能存什么呢？因此，孟子所讲的"存"，应该是"存意""存我"。有所存，就有所不存，并不是有一个实在的东西存在那里。因此，那种一味考虑"道心"存或不存、存多或存少的观念是不懂得"道心"性质的。

杨简进一步指出，孔子所谓"操则存，舍则亡，出入无时，莫知其乡，惟心之谓与"，并不是孟子所理解的"存心""存神"之类，因为，孔子只是说操持则在此，不操持而舍之，则寂然无所有。但是，"心"是无形体的，无形体自然无方所，所以说不知道它的方向，没有确定的方所。孔子这句话的意思，没有贵操而贱舍的意思，可是孟子错误地理解了这个话的意思，每每有"存心""存神"之说，而且，假使真的有所存的话，怎么能称为神呢？

孟子曾说："学问之道无他，求其放心而已矣。"杨简对这段话倒是给予了积极的评论。他说，学者都知道为什么要"求放心"，但不知道什么是"心"，什么是"放"，什么是"求"。

首先要明白什么是"本心"，然后才能知道什么是"放"，知道什么是"放"，也就知道什么是"求"了。"本心"是什么呢？杨简说，"本心"简单易明，不损不益，不作不为，感而遂通，以直而动，出乎自然，与天地同功用，与四时同变通，喜怒哀乐无不中于道。可是，当这个"本心"为物所遮蔽时便会立即丢失，此时便需要把"本心"寻找回来，可是很少有人知道把"本心"找回来啊，而且，那些不知道找回"本心"的人还将悖乱、奸诈、淫逸、暴酷当作"本心"呢！

如果他们不作这样的理解，就会有束缚迫急的问题，就说还不如放纵它。可是，"本心"怎么是这样的东西呢？"本心"广大虚明，直方刚健，外物无一能进入"本心"，所以要找回它完全在于我们自己。这就是孟子讲的"求放心"的意义啊！

不难看出，杨简对孟子的确是多有微词的，但他对孟子的批评还是立足于他的心学立场，那就是"道"或"性体"是圆融无碍、浑然一贯、无时不在的，根本不需要孟子所讲的"存养"，也根本不存在"暴""不暴"的问题。自然，杨简的批评是否有助于孟子思想的提升和完善则是可以商量的。

"学""庸"支离

所谓"学""庸"就是《大学》《中庸》。到了有宋一代，《大学》《中庸》逐渐被儒家学者所关注，特别是朱熹的《四书集注》，将《大学》《中庸》的地位大大提升。不过，不同儒者对《大学》《中庸》的理解和评论还是存在很大差别的。比如，我们这里提到的杨简，就表现得与众不同。

《中庸》说："喜怒哀乐之未发，谓之中，发而皆中节谓之和，中也者，天下之大本也，和也者，天下之达道也。"这是《中庸》中的代表性表述之一。杨简是怎样理解这段话的呢？

杨简的第一句话就是："孔子未尝如此分裂，子思何为如此分裂。"为什么说子思这个话分裂呢？

杨简认为，子思的思想是子思"自起意见"，而人的本心没有这种意见。既然"喜怒哀乐还未发出去"，怎么说这是"吾之中"呢？因此，把这个叫作"中"，实际上是出于己意了，不能叫作"未发"，而"喜怒哀乐已经发出去"，又怎么能叫作"中节"呢？"发"就是"发"，"中"就是"中"，都不能容许有任何私意，大本大道，都是后来的学者逐步确立的名称，"吾心"本来并无这个名称，后学者放逸驰骛于心外，自起藩篱，自起限域，才有所谓已发、未发之说啊！杨简举证说，孔子只是说吾道一以贯之，未尝分裂，《尚书》说"善无常主，协于克一"，吾心浑然无涯畔，无本末，所以，其未发，我不知其未发，其既发，吾也不知其既发。可见，子思虽然有所觉，但的确未通啊！

《中庸》说："中庸其至矣乎，民鲜能久矣……中庸不可能也。"这句话的确与《论语》中孔子的话不太相同。杨简是怎样解释的呢？他指出，"民鲜能久"之说，是子思对孔子的误解，因为孔子从来没有说过"能"，只是说过"民鲜久"的话，而如果孔子说"中庸"不可能，更是大错特错，因为有了这个"能"即是"用意"，可是，"道"无所谓"能"和"不能"，有"能"就不是道了。

《大学》说："欲治其国者，先齐其家，欲齐其家者，先修其身，欲修其身者，先正其心，欲正其心者，先诚其意，欲诚其意者，先致其知，致知在格物。"杨简对这段话非常不屑。他批评这段话是"似是而非，似深而浅，似精而粗，足以深入学者之意，其流毒沦肌肤浃骨髓未易遽拔。"为什么杨简有如此严厉的批评？首先，身、心是一，没有独立孤处的心，也没有独立孤处的身，而《大学》说先正心后修身，显然是"判身与心而离之"，即将身心分离为二；其次，难道在心外还有所谓诚意，诚意之外还有所谓致知，致知之外还有所谓格物？这纯粹是拿取人的"大中至正之心"，然后纷然凿之，怎么不成为"本心"之毒呢？孔子讲忠信，曾子讲忠恕，孟子讲良能、良知，都说明"道"并不需要这种烦琐的程序嘛！

《大学》说："有所恐惧，则不得其正；有所好乐，则不得其正；有所忧患，则不得其正。"杨简对这段话也是非常的不以为然。他说他少年时不知道《礼记》中许多话并不是孔子说的，非常喜爱《大学》"心有所忿懥，则不得其正"一章，后来觉悟到，这一章并不是知"道"的人所作。

他说，如果因为受人武力胁迫而恐惧，当然不可以，但如果是因为君父震怒而恐惧，有什么不可以呢？如果好乐而好色好货，当然不可以，但如果好善好学，有什么不可以呢？如果因为贫穷而忧患，当然不可以，但如果是担忧自己不如舜或者忧虑国家之危亡有什么不可以呢？所以说，大凡不明晓"道"的人，一律求"道"于寂灭，不懂得"日用交错无非妙用"之理，如果对"道"有真正的觉悟，那么就会在日用应酬交错间表现得无毫发非礼之处。

所以，杨简断定，《大学》中无"子曰"二字的话，都不是圣人的话。孔子说，心之精神是谓圣，孟子道性善，这样说来，"心"未曾不正，哪里需要正其"心"呢？哪里又需要诚其"意"呢？哪里又需要"格物"呢？纯粹是画蛇添足啊！

不难感觉到，杨简对《大学》《中庸》是比较轻视的，而他对《大学》《中庸》否定的部分，也还是认为那些表述、观点有悖"道"圆融无碍、浑然一贯、无时不在之特质，虽然他每每说无"子曰"二字肯定不是孔子的话。

二、别出心裁是诠释

本书第四、五章向读者展示了杨简对《易》之"乾卦"和《论语》部分原文的解释，通过杨简的解释，我们似可观察到杨简解释儒家经典的特别之处、精彩之处。本节勉力拟对其特点集中加以展示。

以"心"贯通

所谓以"心"贯通,就是说杨简在解释儒家经典实践中,认为儒家经书虽然汗牛充栋,儒学文字虽然浩如烟海,儒家的义理虽然错综复杂,但它们却是通透的,而通透的主脉是"心"或者"道心",所谓"礼仪三百,威仪三千,非我心外之物也"。

杨简认为,"易"就是一种贯通的体系。"易"卦、爻等都是贯通的,每个卦自身也是贯通的,整个"易"是以"一"贯之,这个"一"也就是"道心"。"易理"是上下、左右、内外贯通的,是"一理",或者说"道"就是"一",只是表现不同而已。

乾、坤是"一","坤"就是两画之"乾",不是乾道之外再有个坤道;"易"与乾坤是"一",不存在"易"大、乾坤小的问题,它们只是名称不同而已;乾与元、亨、利、贞是"一",它们是一体而殊称,一物而异名。

《易》中十二个讲"时用"的卦,但并不意味着只有它们讲时用,其他卦不讲时用,并不意味着只有十二卦所讲时用就大,其他卦讲时用就不大,事实上,六十四卦都讲时,都有义,都有用,也都大。为什么?因为从其旨意看都是通的。

杨简说,忠信之心,即道心,即仁义礼智之心,即不勉而中、不思而得之心,通于一,万事毕,差之毫厘,谬以千里。不必由远复返,这个心自然复返;如果频繁地复返,频繁地放逸,便有危险。识得这个"心",把守这个"心",就有吉祥;不识得这个"心",不能把守这个"心",就有凶险;不必担"心"他日是否有吉凶之事,只需时时警戒自己念虑的得失。当"乾"之初而不肯潜藏,意味着这个"心"放逸了;当九五位而不能飞翔,意味着这个"心"凝固了;当九三位而不能谨慎,意味着这个"心"已经怠慢;当九四位而没有怀疑,意味着这个"心"已经停息。

但是,如果按照这个本心而为,就既能飞翔又能潜藏,既能怀疑又能谨慎,既能用天下之九,也能用天下之六,并且能穷尽通天下的原因、结果，动、静、久、速，都切合时宜，周、旋、曲、折，都各当其可，这不是勤劳努力可以做到的啊！是因为我们心中本来就有这样的十百千万散殊的正义啊！

由此看来，卦爻的变化就是"心"的变化，"心"的各种形态反映在爻位的变化之中。

总之，在杨简的解释中，"易"是贯通的系统。而之所以是可以贯通的，是从"道心"上讲的。"易道"无声无臭，无思无为，始终一物，本末一致，事理一贯，不是事外有理，也不是理外有事。

这种贯通性自然也表现在对《论语》的解释中。杨简认为，"必""固""我"都是因为"起意"的结果，而"意""必""固""我"是贯通的，只要做到"不起意"，也就无所谓"必""固""我"了，而"意"就是"二""支""阻"，"毋意"就是"一""直""通"。

为什么孔子说"不知生，焉知死"呢？杨简认为，"生""死"是贯通的，"生"和"死"是"一"，因此，不知道"生"，自然不会懂得"死"。

为什么孔子说"不知老之将至"呢？杨简解释说，人生没有少、青、壮、老之别，也没有生死之别，都是"一"，所以不会知道"老"什么时候到来。

孔子所谓"发愤忘食"，杨简解释说，虽然"发愤"但不动"心"，终日变化云为但却是至静之态，终身应酬交错却一日不变，这就叫作"适道"之学。

孔子所谓"有朋自远方来，不亦乐乎?"杨简认为，朋友来看你，是因为朋友有"好善之心"；"我乐"，则是因为我有"好善之心"。

孔子所谓"无时不习"，杨简解释说，"心"不是时空之物，它无形态、无限量、无终始、无古今，无时不然，所以说是"无时不习"。因此，"习"不是智力，也不是体力，而是"心力"，只有"心力"才能做到"时习之"。

孔子所谓"为政以德",杨简说,"德"在人心,每个人都拥有它,但圣人先觉悟到我们大家都有的这个善心。天下人同此一心,同此一机,所以,治道之机全部归于君主之一心。也就是说,"道心"是行政通畅的根本。

"礼仪"繁多而复杂,但杨简认为不过是"道心"见于文。

可见,杨简的确认为儒家经典、义理、思想是贯通的,而之所以是贯通的,乃是因为所有经书不过是阐明人人具有之"道心"。"道心"人人具有,所以是"一";"道心"无所不通,所以贯通万物;"道心"即是人的灵明,所以显发生命。

以"我"为主

在杨简解释儒家经典的实践中,所谓"以'我'为主"包含两层意思。

一是认为儒家经典讲的一切道理都是"我",是以"我"为中心的,是"我"生命的敞开。杨简认为,"易"是讲"我"的,即整个"易"都是以"我"为中心,《易》之所有都是"我"的外推,《易》之变化就是"我"的变化。《易》讲的"元"或"仁",就是"我"的开始,《易》讲的"亨",就是"我"的通,《易》讲的"利"或"义",就是"我"的利,《易》讲的"贞"或"固",就是"我"的正。

在《易》中,"我"的刚强就是九,"我"的柔弱就是六,"我"的清浊就是天地,"我"的"震""巽"就是雷风,"我"的"坎""离"就是水火,"我"的"艮""兑"就是山泽,"我"的变化、交错、畅通就是六十四卦和三百八十四爻。

在《易》中,"我"照临就是日月,"我"变通就是四时,"我"散殊于清浊就是万物,以"我"的观看为眼睛,以"我"的听闻为耳朵,以"我"的吞食为嘴巴,以"我"的握持为手,以"我"的行走为足,以"我"的思虑为心,把"我"的变化看成是深不可测而称之为神,把"我"的心之本体称为"性"。由此说来,整个"易"都是围绕"我"而展开的。

二是认为儒家经典都是具有生命、充满生机的思想体系。杨简认为，"易"所展示、所表达的是人的精神、人的道德、人的意志，所有的卦、爻及其变化都是人的主体性的呈现，只是不同的卦、爻，不同的卦辞、爻位所表征的人的主体性不同而已。具体而言，乾之九一至上九的变化都是主体的变化，而这种变化又归于主体能否"用九"、如何"用九"。能"用九"而不为九所用，那么，初九能潜而不露，不为阳刚和才智所使；九二能呈现，并善应于世；九三谨小慎微而没有过错；九四虽能跃而不敢断然冒进，犹豫慎重，不会有过错；九五能飞翔天上，成就大人之德业；上九不能用九，而为九所用，而为阳刚所使，所以虽高贵自居而不通下情，所以动则有危险，相反，如果能"用九"，而不为九所用，就有上天的保佑，没有不吉利的。

杨简认为，"易"之爻位可能遭遇险恶，也是由于主体：主体意念发动就有危险，意念的消失就会息止。

杨简认为，"意"是因"我"而起，所以，"毋意"或"去意"的关键是主体的自我主宰、自我把持。

杨简认为，"三十而立"之"立"，是每个人自己成长固立的过程，不会为困苦患难所动，不会为富贵声名所动，不会为白刃鼎镬所动，这种"立"是人本有的、内在的、自然的，是每个人的主体性表现。

可见，"我"是杨简解释儒家经典实践中的一个核心观念，没有"我"，儒家经书就是僵死的而非鲜活的，就是静止的而非运动的，就是枯萎的而非茂盛的；没有"我"或者忘记了"我"，儒家经典无法得到解释，儒家经典将变得毫无意义。

以"新"为事

杨简对"易"的解释，主要是根据他的心学精神而展开，"易"中符合心学精神的观念或思想被肯定和发挥，而不符合心学精神的观念或思想则被否定和批评，被认为是不识"道"，不通"道"。不过，正是这样，他在解"易"上有时还的确让人耳目一新，对儒家思想的开展具有非常大的价值。

其一是以"心"解"易"。比如，杨简由九二、九五这两爻的圣人之位，进一步指出"乾"即是圣人之象，然后说世上的人都只看到圣人之形，而不能看到圣人之神，都知道圣人之思为，而不能看到这个思为的精神。可是，"心之精神是谓圣"，无方体，神、易、心不是三个独立的存在，实际上就是"一"，而且无始无终，所以，天之高、地之厚、日月之明、四时之序、鬼神之吉凶，自然都是与人心相合的，这也就是"范围天地之化而不过，曲成万物而不遗"。再如，杨简认为，只要人能反求诸己而不求诸外，默省神心之无体无方、无所不通，那么元、亨、利、贞是"一"是"四"就没有差别，都是发挥此"心"之妙用。

其二是对"易"进行大胆的加减。为了使卦辞、爻辞的内容完整，杨简在意思上对"易"进行了大胆的损益。比如，"易"中的爻位反映不同的情形，当解释某个爻位危殆时，是意念发作，处于安吉时，是不起意念。比如，认为"不见其首"是意念不作，反之，是意念发作。比如，认为九二位不自夸，无私意，所以九二爻位是龙出现于世的时机，所以是龙德的显现，自然就可以有善世之功，而不自夸的人，也就是不起私意。比如，对"直方大，不习无不利"的解释，所谓"直"就是直心而往，但意念起就不直了，所谓"方"就是指直心而行，虽遇万变，未尝转，因此，"方"就是不转的意思。这个"道"很大，所以说大；这个"道"非学习所能，所以说不学习没有不利的。又说，人道即地之道，地道，光也，光如日月之光，无思无为，而无所不照，不光明者，必入于意，必歧而他，必不"直方大"，必昏必不利，这样，所谓不"直方大"，必不利，是因为意，因为不光。如此，对"直方大""不习无不利"的解释也就是心学立场的解释。

其三是自由发挥。在解释《论语》的实践中，杨简也很有创造性。比如，他将"毋意"解释成"不起意"，他将"无知"解释成"不需要知识"，他将"三十而立"解释为"不为名利富贵祸患所动"，他将"用力于仁"解释成"不是用思为力量"持守、实践"仁"，他将"学而时习之"解释成"不用智力学习"，他将"不知"解释为"真知"，因为"道心"无知。他认为"一以贯之"之"贯"是多余；他认为"四十不惑"就是因为没有任何差别、同异；他说"知天命"是因为去掉昏暗；他认为"不知老之将至"，就是因为生死、少壮无有差别；他说"发愤忘食"是不用人力；他认为"乐以忘忧"，是道心所至，哪里有什么可忧？等等，这些解释都是闻所未闻的。再如，杨简对"飞龙在天，大人造也"的解释。他认为，天地间的人都有欲望，但不能满足，不能平均，于是便有争夺，如此演绎出"不断推选公明之人，直至推举出大圣（天子）"的游戏。这个"推举贤人环节"，完全是杨简自己想出来的，而不是根据爻位原理进行的解释。

三、综合创新出精义

经由如上各章所介绍，相信读者对杨简的思想已有了较广泛、较充分的了解，这里准备对杨简思想进行浓缩，提升出作者所理解的杨简思想的精义，并希望它能传递给读者。

"道心"满满，无所不在

杨简之学，近接象山，远承孟子，此两家概以凸显"本心"为事。

"道心"是杨简心学的核心范畴，这个"道心"也就是仁、本心、良知、良心、诚，它是自善、自明、自神、自灵的，是圆融无碍、晶莹剔透的，是人之成为人的内在根据。"道心"是无形体的，广大无际的，变化无方的，神秘莫测，时现时隐，动而无动，广大昭明，无所不包，无不贯通，虚明无体。"道心"是人人皆有，不是只有圣人如尧、舜、禹、文、武、周公、孔子才有，因此，人人都应该坚定作善之心。

由于这个"道心"是自明、自灵，它具有自善的能力，由于它具有自我创生的能力，因此，它的护养不需要清心、洗心、养心等方法，这对"道心"而言是多余的。"道心"的功能是无限的、超越的。"道心"的扩充，便是万事的完成。

因此，每个人对"道心"要有自信，不要放弃，不要怀疑，不要求知，不要钻研，不离不合，直心而往，这样就可以自备万善，自绝百非，无思无为，昭明不遗。

"道心"本正，直而达之，那么，《关雎》求淑女以事君子就是本心的体现，《鹊巢》昏礼天地之大义就是本心的体现，《柏舟》忧郁而不失其正就是本心的体现，《鄘柏舟》之矢言靡它也是本心的体现。因此，由"道心"而行品节，就是礼；因"道心"和乐，便是乐；因"道心"得失吉凶，就是《周易》；因"道心"而有是非，就是《春秋》；"道心"达于政事，便是《尚书》。

圣人都是因为拥有这个"道心"才成为圣人。尧之所以为尧，舜之所以为舜，禹之所以为禹，皋陶益之所以为皋陶益，都不是因为有了这个"道心"吗？一个人戒谨恐惧时，这个"道心"是否存在呢？一个人放逸慢易时，这个"道心"又是否存在呢？如果知道"放逸慢易"时，道心容易丢失，便戒谨恐惧，说明这个"道心"是存在的。"道心"是坚定一个人心理、情绪的根基。

"道心"无私好无私恶，无私喜无私怒，无私取无私予，可以说是无偏无党，王道荡荡，无反无侧，王道正直，众多政事，都建立在这个"道心"之上。比如，设官分职，没有不是您的"道心"，立我烝民，没有不是您的"道心"。唐虞时代之所以比屋可封，因为有这个"道心"，成周时代之所以人人有士君子之行，也因为有这个"道心"。

人心即"道心"，心本常行，所以合乎天下之公心而为政为事，那么它的政治可以永远稳定，它的事情可以永恒运行；如果不合乎天下之公心而为政为事，那么它的政治便不可永远稳定，它的事情便不可永恒运行。

德之在人心，这个心是每个人都有的，但是，普通人并不知晓他们天天实践的这个"道心"，只有圣人先觉悟到这个普遍存在于每个人身上的"道心"，因而这个"道心"又可以说总归到君主一人之心。这样，君主的"心"就成了治理国家思想的根本，所以讲"一君正则天下定"，而且会产生一系列积极效应：选任官员自明，教化自行，庶政自举，如水之有源。

所以杨简对"道心"给予了极高的赞颂："大哉，德乎！天以此覆，地以此载，日月以此明，四时以此行，万物以此生，君以此尊，臣以此卑，父以此慈，子以此孝，家以此齐，国以此治。""道心"是杨简思想的核心观念，他的思想体系完全是为了阐明这个"道心"，为了发扬这个"道心"，为了实现这个"道心"。

一念不起，万善呈现

孟子开"人性本善"说，然而，本善之性总是难以百分之百地表现在生活中，有时甚至完全相反，这样，孟子不得不思考本善之性彰显不畅的原因。孟子认为，人的功名利欲之情是人本善之性不能彰显的原因，便提出"养心莫善于寡欲"的修行方法。然而，如何寡欲？

在孟子看来，人有"耳目之官"和"心之官"。"耳目之官"为"小体"，所谓"小体"，就是人身上耳、眼、鼻等感觉器官；"心之官"为"大体"，所谓"大体"，就是指人的理性思维，孟子认为，"心"是人身上主理性思维的器官。"耳目之官"直接与物接触，容易被利欲所诱惑，从而使"本心"（指先天内在于人身的道德之心。儒家认为，道德之心是人身本有的，同时也是人道德言行的根据，所以称"本心"）丧失；"心之官"具有思考能力，这种思考能力可以主宰、约束"耳目之官"的活动，因此提出"立大体"。也就是说，孟子抑制利欲以恢复"本心"的方式是依靠知识和理智。

唐代李翱认为，性善情恶，就是说，保护性善、彰显性善的方法是去"情"。喜、怒、哀、惧、爱、恶、欲等都是"情"，这些"情"一旦昏黑，那么"性"就被遮蔽，因此李翱提出去"情"。可是，怎样去"情"呢？李翱认为，"情"发于性，发于人的内心，因为思虑而动而生，所以提出"弗思弗虑"。就是说，不要思考，不要思维，就可以不生"情"，不生"情"便是正思，也就是回到"本心"了。

不难看出，李翱是以去掉思为、理解作为回到本心的方法，这与孟子应用理性控制感觉的方法完全不同，前者是直觉体验，后者是经验知识。

在本体上，杨简继承了孟子性本善的基本主张，但在方法上，他则继承、发展了李翱的修行工夫，那就是他借孔子的"毋意"提出的"毋意论"。杨简认为，"意"是万恶之源，"意"就是"二"，就是"直"，就是"支"，就是"阻"，"意"起则恶生。比如，卦之爻位出了问题，是因为"意起"；乾之"九二"不自夸，则是"意不起"；"潜龙勿用"，就是有进取之意，所以有凶险；"六十耳顺"，是因为"不动意"；"用力于仁却言不足"，也是因为意念起的缘故；"学而时习之"，如果一旦"起意"，就不能"时习之"了。

如此，绝去"意"便成了恢复"本心"的根本路径。而去"意"就是不要思为、不要理智，因而"道心"的呈现、彰显、落实，就是不读书，不学习，不努力，不用功，不钻研。

杨简说，孔子讲的"无知"，就是不要知识，不要思为。

"不习无不利"，就是说不学习没有不是有益处的。

"克己复礼"之"克"不是克服，不是努力克制自己，而是"能"，是自我自然之行为。

"造次必于是，颠沛必于是"，也不是在智力、体力上求

"道"，而是无思无为、不努力。

"未见力不足者"，是因为有人在智力上使劲，肯定会感到力不足，如果不是在智力上使劲，便不会感到力不足。

为什么颜回对孔子之"道"有"仰之弥高，钻之弥坚"的赞叹呢？说明他用力很多很深，所谓"穷之而益远，测之而益深"，但他并没有真正认识孔子的"道"，原因在于颜回盲目用力，不知孔子之"道"并不需要像他那样废寝忘食地钻研。后来颜回说"末由也已"，说明他已知道"不仁"之病，所以才能有"三月不违之妙"，他这个时候的用力，与别人不同，已经不是智力、体力，所以无穷无尽。

杨简的亲身体验也让他相信读书、知识不是得到"道"的最好办法："一日，因观外书有未解而心动，又观而又动，愈观愈动，最后干脆掩书夜寝，心愈窘终不寐，度至午夜，忽有如黑幕，自上而下，而所谓窘者扫迹绝影，流汗沾濡，泰然且而癒，视外物无二见矣。亦有小人而觉者，但不改过，是谓无忌惮之中庸，是谓仁不能守之，虽得之必失之。"

杨简之所以将儒家经书中的学习、思考、用力等都解释成无思无为，解释成不需要知识，根本原因在于"道心"先天自有，无处不在，无不贯通，自我呈现。用哲学的话讲，就是本体的性质决定了认知的方法。

杨简这种否定学习、知识、智力、钻研等对于认识、把握"道"的作用的行为或思路，不能不说与老子思想具有相似之处。

但如果就这样简单地认为杨简是排斥知识的，是蒙昧主义，可能失之片面。原因很简单，因为杨简所讲不需知识，不需要钻研，只是针对"道心"而言。在杨简看来，"道心"只有依靠直接体验，如果用思为、用知识，非但不能获得"道心"，反而会离"道心"越来越远。所以，不能说杨简是反知识、反理智的。

杨简的解释虽然对于坚持人性、生命有积极意义，但是为什么不可以兼顾二者呢？为什么知识与德性是格格不入的呢？为什么一定要将早期儒家经典中关于知识方面的思想解释成对"知识的拒绝"，这究竟是一种新的开拓，还是一种教训呢？读者诸君可以思之。

人之生命，心学关切

儒学的根本精神就是"为天地立心，为生民立命"。具体说来，就是为了丰富、提升老百姓的生活，就是为了老百姓安居乐业，就是为了让天下所有人活得像人样。用《礼记》中的话讲就是："大道之行也，天下为公。选贤与能，讲信修睦，故人不独亲其亲，不独子其子，使老有所终，壮有所用，幼有所长，鳏寡孤独废疾者，皆有所养，男有分，女有归，货恶其弃于地也，不必藏于己，力恶其不出于身也，不必为己，是故谋闭而不兴，盗窃乱贼而不作，故外户而不闭，是谓大同。"

笔者以为，杨简心学实在是为这种蓝图而努力描绘，实在是为这种理想而努力建构。

人的生命大体可分为物质生命和精神生命两大部分，这正是杨简心学的关切所在。

就物质生命而言，包括基本的物质生活、安定的生活环境、物质生活资料的丰富和提升、个体生命的修养等。

杨简每任一处地方官，便打击投机倒把、欺行霸市的行为，约束商界霸主，严惩奸商，铲除官商勾结，让市场秩序正常化，让普通生意人也能找到一条生路。这当然是对人民生活的关心关怀。

他致力于农村基础设施建设，修筑堤坝，疏通河渠，使农业生产不违农时，这自然是对老百姓生活实际的关怀。

因此可以说，在保障老百姓物质生活，维护老百姓物质生活，救济老百姓生活上，杨简真正做到了想人民之所想、急人民之所急，真正做到了鞠躬尽瘁。

就精神生命而言，包括基本的精神生活、道德水平的提高、文化传统的传承、儒家精神的发扬光大等。

杨简初到乐平，发现这个地方的学宫都破旧不堪、摇摇欲坠，老百姓没有学习知识和礼乐的场所，他便组织人员拆旧建新，并亲自登台讲学。一时间，县内的士人、大夫都纷纷聚会，来听讲说。这自然有益于老百姓精神文化生活的提升。

在政治上，杨简极力倡导选贤任能，反对营私舞弊，反对任人唯亲。他力主正义，将个人生死置之度外，与邪恶势力作斗争，为深受陷害的赵汝愚辩护。这不是儒家仁义精神的体现吗？这不是堂堂正正做人的示范吗？

杨简对儒家经典的诠释，致力于将儒学中根本的、积极的、健康的、向善的精神开显出来，这就是"道心"，并向学者宣告，这个"道心"就是每个人做人的根本，如果丢了这个"道心"，不能用这个"道心"作为其行事的原则，那他就不再是人。杨简要求人们时刻关注自己的道德修养，做一个遵守道德规范、实践道德品性之人，分而言之，做个公心之人，做个理想之人，做个正义之人，不要汲汲于肉身，不要汲汲于名利，不要汲汲于声色。

一个人如果不能以天地、万物、万化、万理为己，而只知道执着耳目鼻口四肢为己，这就是将自己的身体裂取分寸之肤，这就是拘梏于血气，这就是自私，这就是自小，那他就看不到天地之广大，那他就看不到道德之美好，那他就看不到人性之光彩。

因此，杨简心学对老百姓的物质生命和精神生命是地地道道的关切。

因此，杨简所讲的"一"，不是数量之一，不是体积之一，这个"一"是儒家全部思想精华的浓缩，是儒家道德品质的凝集，它内含着杨简心学对人生命的深切关怀。

杨简所讲的"道"，不是道路之道，不是条理之道，这个"道"是儒家根本精神所在，是儒家的众善之源，是儒家向人间播撒善的根基。

杨简所讲的"心",不是肉团之心,不是心理之心,这个"心"是本心,是仁爱之心,是道德之心,是关怀之心。

杨简所讲的"我",不是生理的我,不是自私的我,而是洋溢着生命的我,是体现大爱的我,是充满人性的我,是公我、众我、大我,这个"我"中含有伟大、崇高和奉献。

概言之,杨简心学中"一""道""心""我",是浓缩了意义、价值和理想的"一""道""心""我"。它们不是空洞的,而是实有的;它们不是抽象的,而是具体的;它们不是僵硬的,而是有生机的;它们是杨简为他那个时代的人民所构建的意义世界。

所以,杨简之学,不仅是成就自己,更是成就他人,是成就所有生命,让它们完善美好,让它们充满阳光。

杨简之学,实在是君子之学,实在是淑世之学,实在是平民之学,无怪乎当时有这样的慨叹:"慈湖之学,非世儒所能及,施诸有政,使人百世而不能忘,然虽享年,不究于用,岂不重可惜哉!"

123

第7章

慈湖心学的传承与流布

杨简的思想与其师陆象山有些不同，虽然也强调"心"的绝对意义，持守"切己自反、淬炼本心"的修养方法，但也主张广泛阅读。杨简曾说："学能治己，材可及人，岂有不读书而能治己及人者乎？"因而杨简很注重解经、著述，并成为象山弟子中著述最丰的思想家。这样，他的教学传道就有了根源。

另外，杨简还是一位独具魅力的儒学大师，有人形容他"居处无一惰容，接人无一长语，作字无一草笔"。如此风范，对许多年轻学子而言的确是很有吸引力的。徐时栋有这样的描述："乾道间，吾乡杨、袁、舒、沈四君子，昌明陆学，以诚明孝弟忠信为主，而尤善提醒人之本心，谓道心大同，圣贤非有余，愚鄙非不足，学者翕然宗之。"平心而论，只有杨门，才显春意盎然气象。

关于杨简后学人数，《宋元学案·慈湖学案》列举了七十位左右，而《四明丛书》的《慈湖先生遗书》"新增附录"中则列有八十四位，出入不算大，其中可以看成杨简直承弟子的有四十几位，主要代表有袁甫、赵与聪、桂万荣、童居易等。

一、建造书院传心学

杨简弟子不仅在学问上、实践上努力弘扬心学精神，而且尽其所能，为心学发展和传播去努力创造环境条件，而为心学发展和传播创造条件的主要表现是书院的建立。

象山书院

绍定三年（1230），袁甫兼任江东提点刑狱。次年六月，袁甫奏建象山书院于贵溪徐岩，祠象山先生，以杨敬仲、袁和叔陪祀。绍定五年三月，袁甫来到书院，聘请杨简门人钱时为堂长主教。

象山书院的建立，为心学传播作出了重大贡献。有记载云："先生之道，精一非二，揭本心以示人，此学门之大致，嗣先生之遗乡，警一世之聋聩，平易切近，明白光粹，至今读其书，人人识我良贵，由仁义行。与行仁义者，昭昭乎易判也，集义所生与义袭而取之者，截截乎不可乱也。宇宙内事，己分内事，浑浑乎一贯也。议论一途，朴实一途，极天下之能言者，斯言不可赞也。"阐述了象山心学精神。

绍定六年，袁甫作《象山书院记》说："象山先生发明本心之学，有大功于世教，易名文安，庸示褒美。于时慈湖先生，我先人洁斋先生，有位于朝，直道不阿，交进说论，宁考动容，天下学士想文风采。推考学问渊源所自，而象山先生之道益大光明。甫承学小子，将指江东，筑室百楹，既壮且安，士遐尔咸集。斋曰志道、明德、居仁、由义，精舍储云、佩玉，又皆象山先生之心画也。"宣示象山书院乃是继承、弘扬象山、杨简、袁燮一系的心学之学脉。

慈湖书院

慈湖书院是在慈湖祠基础上建立起来的，几度兴废。宋宝庆间（1225~1227），慈湖书院在县东一里，慈湖之滨，以祀乡先生杨文元公。嘉熙间（1237~1240），制置使赵与𥼶迁于湖中之沚。淳祐二年（1242），郡守秘撰陈公垲，发钱米下县，委令曹郁为创祠堂于成德堂之右。祠成，令以告于郡，于是朝奉郎主管建康府崇熙观，天台郑霖作记，先生之侄愉书丹，邑人桂万荣书盖。咸淳七年（1271），郡守刘黻于普济寺东易地重建。八年拨余姚、定海没入官田，以为奠飨之需。元至元二十二年（1285），普济寺僧恃杨总统权势，侵夺其地，毁祠像，诸生诉于官。至元二十四年，按察副使侍其君佐巡按至县，乃占先生旧宅、遗址，复建礼殿祠宇。用了五年时间，慈湖书院建成。可见，慈湖书院建造过程中，他的两个学生赵与聪、桂万荣都曾发挥重要作用。对于慈湖书院所发挥的作用，后来有许多评论，这里列举数例。

黄翔龙《重修慈湖书院本末记》云："先生殁，邑大夫士始祠于湖之滨，而未有讲习之地，先生之道虽尊而未明，嘉熙闲制阃节斋赵公与聪改祠于中沚，地隘不可久，既又祠于邑庠，邑以不专奉为慊。咸淳辛未，永嘉蒙川刘公黻来帅，明捐郡帑得民地于僧寺之右，负山面湖，创精舍，肖像而祠之……文元心学之要，躬践之实，亦既发其精蕴，足以昭往而淑来矣！乡人惧后来者于废兴本末之莫详，复命翔龙记其粗。窃惟前代儒先出处过化之地，必建书院使学者尊慕而学其学。"

王应麟《重建慈湖书院记》云："古者乡有庠、党有序、闾有塾，里居又有父师、少师之教，是以道德一而理义明。书院之设，意犹近古，睢阳白鹿为称首。若周、程、朱、吕治教之地，文献尤盛，天典民彝之统纪恃以不坠。东海之滨有大儒曰慈湖先生文元杨公，立身以诚明笃敬为主，立言以孝弟忠信为本，躬行实践，仁熟道凝，盛德清风，闻者兴起，可谓百世之师矣！遗老见而知之，后进闻而知之，春木之苞兮，其人若存兮，宅心知训上接洙泗，此书院之所为作也。"

由以上《书院记》可以看出，杨简的学生及其再传弟子、私淑弟子都在建造慈湖院，从而为继承、弘扬杨简心学方面作出了突出贡献。

石坡书院与杜洲书院

以杨简弟子为代表的书院主要有两座，即石坡书院与杜洲书院。它们都以杨简精神为精神，以杨简学问为学问，对杨简心学思想的继承、传播和发展起到了重要作用。

关于石坡书院，谢山《石坡书院记》云："今慈湖东山之麓有石坡书院，即当年所讲学也。桂氏自石坡以后，世守慈湖家法，明初尚有容斋之敦朴，长史之深醇，古季之精博，文修之亢直，声闻不遂，至今六百余年，犹有奉慈湖之祀者，香火可谓久远……呜呼！慈湖之心学，苟非验之躬行，诚无以审其得焉与否。今观石坡之造诣，有为有守，岂非真儒也哉！"

关于杜洲书院，谢山《杜洲六先生记》云："慈湖世嫡弟子，石坡而外，即推童氏，累代不替，诸家学录中所未有也。书院则先生之孙副尉金始肇造之，而得朝命于其子桂……其时甬上书院多设长者，而以杜洲为最盛。有先圣碑亭，有礼殿，有讲堂，有六斋：'曰志道，曰尚德，曰复礼，曰守约，曰慎独，曰养浩。'其中为慈湖祠，旁为六先生祠，有书库，有祭器，门庙庖湢，纤悉皆备，有田租以资学者。盖仿佛四大书院规制而为之耳，意良厚矣。"

根据全祖望的说法，杨简学生中，世代以继承、弘扬杨简心学为业的有两位，一位是桂万荣，另一位是童居易，他们为继承师说而创办书院，为弘扬师说而要求世代效法，的确是值得称颂的。

总之，杨简后学队伍庞大，呈多极发展之势。具体而言，他们于理论之创设，心学之践履，师道之传发，书院之建设等方面均表现出相当的成就。无怪乎杨简也曾得意地说："此一二十年来，觉者逾百人矣，古未之见，吾道其亨乎？"尽管如此，与朱子后学比较，与其师陆象山后学比较，杨简后学还是显得单薄且缺乏气势，虽然六百年中仍然有兢其道者，但理论开新方面毕竟不足，影响微弱。

二、慈湖心学与阳明心学

杨简乃江西心学大师陆象山高足,他无论如何也不曾想到,两百年之后,竟然有一位同乡比他更为全面地发扬了陆九渊的心学,这位同乡就是王阳明。

对于王阳明而言,虽然公开宣称自己的学问精神与江西的陆象山是一致的,但从阳明心学内容看,他在诸多方面也受到他的老乡前辈杨简思想的影响。甚至可以说,杨简心学思想中相对积极的部分都不同程度地被王阳明所继承所发展。这里就从几个侧面考察杨简心学的某些观念在阳明心学思想中再现的状况。

"心"概念的使用

"心"是心学家们共同持守的基本范畴,所以,"心"在杨简和王阳明思想中存在是自然而然的,不过,阳明之"心"与杨简之"心"并不完全相同。先看杨简论"心"。

"人心自明,人心自灵,意起我立,必固碍塞,始丧其明,始失其灵。"

"人心至灵至神,虚明无体,如日如鉴,万物毕照,故日用平常不假思为,靡不中节,是为大道。"

"道心,非心外复有道,道特无所不通之称。孔子语子思曰'心之精神是谓圣',圣亦无所不通之名,人皆有此心,此心未常不圣,精神无体质,无际畔,无所不在,无所不通。《易》曰'范围天地',果足以范围之也?《中庸》曰'发育万物',果皆心之所发育也?百姓日用,此心之妙而不自知,孩提之童无不知爱其亲,及长无不知敬其兄,爱亲曰孝,敬兄曰弟,以此心事君曰忠,以此心事长曰顺,以此心与朋友交曰信，其敬曰礼，其和曰乐，其觉曰知，故曰知及之，所觉至于纯明曰仁，言此心直而不支离曰德，其有义所当行不可移夺曰义，名谓纷纷如耳目鼻口手足之不同而一人也，如根干枝叶华实之不同而一木也，此心之虚明广大，无所不通如此。"

　　杨简所论心，是自灵自明的，是无体质、无际畔的，是无所不在、无所不通的，是日用庸常之德，因而只反身向内求即可。所以，对于清心、洗心、正心等主观行为，杨简认为这是揠苗助长，不仅没有好处，反而有害之。于此，杨简有首诗生动而贴切：

> 此道元来即是心，人人抛却去求深；
> 不知求却翻成外，若是吾心底用寻；
> 谁省吾心即是仁，荷他先哲为人深；
> 分明说了犹疑在，更问如何是本心；
> 若问如何是此心，能思能索又能寻；
> 汝心底用他人说，只是寻常用底心；
> 此心用处没踪由，拟待思量是讨愁；
> 但只事亲兼事长，只如此去莫回头；
> 可笑禅流错用心，或思或罢两追寻；
> 穷年费煞精神后，陷入泥途转转深；
> 心里虚明着太空，乾坤日月总包笼；
> 从来个片闲田地，难定西南与北东；
> 莫将爱敬复雕镌，一片真纯幸自全；
> 待得将心去钩索，旋栽荆棘向芝田。

　　再看阳明论"心"。

　　"此心无私无欲之蔽，即是天理，不须外面添加一分。"

　　"在物为理，处物为义，在性为善，因所出而异其名，其实皆吾之心也。心外无物，心外无事，心外无义，心外无理。"

　　"夫心之本体，天理也，天理之昭明灵觉，所谓良知也。"

　　"理者，心之条理也。是理也，发之于亲则为孝，发之于君则为忠，发之于朋友则为信。"

不难看出，王阳明在"心"的内涵、特点上，对杨简都有继承。但"心"在阳明这里还有些变化，这种变化当然也可叫作发展，主要表现在四个方面。

第一，对"心"本体论规定更为清晰、更为明确。

第二，"心"与"理"融为一体，成为"心体"结合的产物。

第三，"心"与良知融为一体，成为道德理性。

第四，尽管"心"是至圣至善的，但王阳明认为由于物、欲、意的存在，"心"的善性常常被遮蔽而难于彰显于外。他不像杨简径直主张"不起意"，而是主张"格""正"。所谓"格物者，格其心之物也，格其意之物也，格其知之物也。正心者，正其物之心也。诚意者，诚其物之意也。致知者，致其物之知也。此岂有内外此彼之分哉"。值得注意的是，王阳明提出"正心"是仅就"心"有"意"而为物欲所遮蔽而言的，因此所谓"正心"不过是格"心"之意、格"心"之物。可见，王阳明既承继了杨简强调"心"至圣至善的一面，在这个基础上，更关注"心"失掉善性的原因，并提出了解决办法。这就使得杨简心学从"规模狭窄"中走出来，心学也因此"柳暗花明又一村"。

"意"概念的使用

熟悉王阳明心学体系的朋友肯定注意到，"意"是其中的一个重要的范畴。不过，"意"范畴的伦理价值之发现，不是朱熹，不是陆九渊，而是杨简，是杨简对这个范畴进行了创造性应用和解释。杨简说：

"人心本正，起而为意而始昏，不起不昏。"

"何谓意？微起焉，皆谓之意，微止焉，皆谓之意。意之为状，不可胜穷，有利有害，有是有非，有进有退，有虚有实，有多有寡，有散有合，有依有违，有前有后，有上有下，有体有用，有本有末，有此有彼，有动有静，有今有古。若此之类，虽穷日之力，穷年之力，纵说横说，广说备说，不可得而尽。"

"徒以学者起意，欲明道反致昏塞，若不起意，妙不可言，则变化云为，如四时之错行，如日月之代明。"

"不起意，非谓不理事，凡做事只要合理，若起私意则不可。"

在杨简这里，人心是纯洁无瑕的，人心之所以昏暗、昏沉，都是因为意念的发动造成的。那么，什么是"意"呢？杨简说，"心"的发动、停止，都是"意"，而"意"的形状是千奇百怪、多姿多彩的，是没有办法说清的。而这个"意"却是"支心""二心""阻心"的障碍物，因而人任何时候都不能起"意"；但杨简也说了，所谓不起"意"，是不起"私意"。

在王阳明心学中，"意"范畴被委于重要位置，成为阳明表述其心学思想的核心概念之一。王阳明说：

"指心之发动处谓之意，指意之灵明处谓之知，指意之涉著处谓之物，只是一件。意未有悬空的，必著事物，故欲诚意，则随意所在某事而格之，去其人欲而归于理，则良知之在此事者，无蔽而得致矣。此便是诚意的功夫。"

"盖心之本体本无不正，自其意念发动，而后有不正。故欲正其心者，必就其意念之所发而正之，凡其发一念而善也。好之真如好好色，发一念而恶也，恶之真如恶恶臭，则意无不诚，而心可正矣。然意之所发，有善有恶，不有以明其善恶之分，亦将真妄错杂，虽欲诚之，不可得而诚矣。故欲诚其意者，必在于致知焉。"

"凡意念之发，吾心之良知无有不自知之。其善欤，惟吾心之良知自知之；其不善欤，亦惟吾心之良知自知之，是皆无所与于他人者也。"

不难看出，王阳明基本上继承了杨简对"意"概念的使用，但在阳明这里有些变化。这些变化体现在三方面。

首先，"物"的存在是以"意"为前提的，"意"具有本

131

体意义。一个人向善向恶，关键在"意"之一字。

其次，对"物"而言，"意"具有本体意义，但对"心"而言，"意"又是末用，而且，"意"的规定者是"良知"。"良知"可以照察"意"的活动，可以使之归善。

最后，"意"之作用于物，才有物的存在，"意"之作用于人，才有道德伦理的存在，所以不会简单说"不起意"，只是需要时刻警戒这个"意"。

"道"的日用庸常化

儒家之"道"，极高明而道中庸，孔子说所讲"仁""义"之类，都是日常生活之道。杨简继承了这个传统，批评那种将儒家之道玄妙化、烦琐化、复杂化倾向，主张"日用庸常是为教""担水砍柴即是道"。他说：

"道无大小，何处非道。尝于日用中求之，衣服饮食，道也，娶妻生子，道也，动静语默，道也。但无所贪，正而不邪，则道不求自得。"

"天有四时，春秋冬夏，风雨霜露，无非教也；地载神气，神气风霆，风霆流形，庶物露生，无非教也。"

也就是说，"道"就是大自然的风霜雨露，就是春夏秋冬，就是衣食住行，就是娶妻生子，只要我们是个有心人，身边的任何现象都可以给予我们智慧，给予我们惊喜。在王阳明那里，"日用庸常是为教"也是他为学传道之主趣之一。王阳明说：

"人之良知，就是草木瓦石的良知，若草木瓦石无人的良知，不可以为草木瓦石矣。"

"如言学孝，则必服劳奉养，躬行孝道，然后谓之学，岂徒悬空口耳讲说，而遂可谓之学者乎？学射则必张弓挟矢，引满中的；学书则必伸纸执笔，操觚染翰，尽天下之学，无有不行而可以言学者。"

"道无方体，不可执著，却拘滞于文义上求道，远矣！如今人只说天，其实何尝见天，谓日月风雷即天，不可；谓人物草木不是天，亦不可；道是天，若识得时，何莫而非道？人但各以其一隅之见，认定以为道止如此，所以不同，若解向里寻求，见得自己心体，即无时无处不是此道。亘古一旦今，无终无始，更有甚同异，心即道，道即天，知心则知道知天。""诸君要实见此道，须从自己心上体认，不假外求始得。"

可见，王阳明也是主张"道即日用庸常"的，"道"并不遥远，也不神秘，就在我心中，就在我们生活中，一个人只要能做个有"心"人，他就能认识"道"，把握"道"。

六经注"我"

对于儒家经典的态度，在义理优先的宋明理学中，程朱理学与陆王心学的立场大体上是一致的，就是都信奉孟子的那句"尽信书则不如无书"的话。

朱熹在与陆象山争论"无极"概念需不需要时就明确表示，只要对表达思想有用，就无须考虑那么多条条框框。朱熹曾说："夫先圣后圣，岂不用条而共贯哉？若于此有似灼然实见太极之真，则知不言者不为少，而言之者不为多矣。"可见，朱熹对待经典本质上是一个"权"的态度。

杨简的老师陆九渊，虽然在"无极"范畴的应用上与朱熹存在相反的意见，不过，他认为经书该不该信，不在于人是谁，而在理如何；如果书合于理，即便不是圣人写的，也应该吸取而用之。特别是陆九渊提出"六经注我"的命题，充分显示了陆九渊的主体精神。"六经"只不过是"我"思想的注释，从而完全颠覆了传统的儒者与"六经"的关系，解放了儒家学者的创造性。

杨简继承了乃师陆九渊的"六经注我"主张，并将其进一步发挥，这就是用"心"解释"六经"。如杨简说：

"变化云为，与观群怨，孰非是心，孰非是正。人心本正，起而为意而后昏，直而达之，则《关雎》求淑女以事君子，本心也；《鹊巢》昏礼天地之大义，本心也；《柏舟》忧郁而不失其正，本心也。"

"善学易者，求诸己，不求诸书。古圣作易，凡可以开吾心之明而已，不求诸己而求诸书，其不明古圣之旨也甚矣！"

就是说，"六经"只不过是开沦人心的工具，人应坚持自己的独立性去读"经"、释"经"、用"经"。

可以说，"六经注我"在王阳明那里是得到了继承的。他认为，"心"是体，"经"是末，"六经不出于吾心"。王阳明说：

"六经者吾心之记籍也，而六经之实，则具于吾心。"

"四书五经不过说心体。这心体即所谓道。心体明即道明，更无二，此是为学头脑处。"

"凡看经书，要在致吾之良知，取其有益于学而已，则千经万典，颠倒纵横，皆为我之所用。"

虽然王阳明没有像杨简那样实实在在地进行"六经注我"的实践，但王阳明对"六经注我"学术上的价值之认识显然更为全面、更为深刻，而且在学术上的应用更为广泛。

因此可以说，杨简心学在他弟子身上虽然没能得到令人满意的发扬光大，但在王阳明的心学世界却能感受到杨简心学灵魂的游荡。慈湖知此，亦可慰也。

第 8 章

学术影响与现代价值

　　杨简心学虽然是象山之后的心学代表——"自象山既殁之后，而自得之学始大兴于杨简，其初虽有得于象山，而日用其力，超然独见，而明人心，大有功于后学。"但对杨简学术影响和现代价值却从没有一个系统而细致的说明，这不仅屈就了极富创造且博大精深的杨简心学，而且使心学发展脉络暗淡不明。这里就接着前面的讨论，简要提示一下杨简心学在儒学史上的学术影响和现代价值。

一、解释经书之新气象

　　孔子死了之后，有子张之儒，有子思之儒，有颜氏之儒，有孟氏之儒，有漆雕氏之儒，有仲良氏之儒，有孙氏之儒，有乐正氏之儒，这就是人们耳熟能详的"儒分为八"。这种分裂，实际上隐含着这样一个课题：儒学的真精神，由谁去体现？孔子独特的生命智慧，由谁去接承与呼应？而这一课题的解答又必须落实到对儒学精神本质、孔子生命智慧的体悟与理解上。

　　汉代司马谈认为，先秦至汉初的诸多儒家学者，没有哪一个儒生真正把握了儒学的精神，而与孔子生命智慧相呼应。他说："夫儒者以六艺为法。六艺经传以千万数，累世不得通其学，当年不能究其礼。故曰博而寡要，劳而无功。"

孔子删改"六经",虽然并不一定真有其事,但"六经"与孔子有着密切的关联则是没有疑问的。后代儒者仿照孔子的做法,以传经为儒,这样,经愈传愈丰,反而湮没了"六经"之真精神,更不可能悟出孔子的生命智慧。用牟宗三的说法,就是这些人都是绕开孔子而传孔子之精神。

汉儒董仲舒似乎意识到儒术分裂之危机,特别是这种分裂造成的人心不一而引起的社会危机。他力倡一统学术,提出"罢黜百家,独尊儒术"的主张,这为分裂已久的儒学创造了统一的环境。不过,董仲舒仍然是以传经为儒,而且,他不仅将儒学杂以阴阳、迷信、谶纬,使儒学神学化,而且将儒学完全政治化,建立起以"三纲五常"为核心的政治道德。在这种情境下,董仲舒对儒学精神的继承,对孔子生命智慧的呼应只能是外在的。

董仲舒传经就是所谓"列君臣父子之礼,序夫妇长幼之别"。虽"百家弗能易",但不仅不能由此呼应孔子之生命智慧,把握儒学之真精神,甚至对于"六经"也是一种拙劣的解释:停止于礼乐人伦,仁义教化,是一种外在的庸俗的解经。

以何晏、王弼开先河的魏晋玄学家以老庄自然主义论经书,认为经书所记之理都与人之自然之性相悖,因而提出"超越名教"的要求,因而由儒家立场去解释"六经"更是不可能。正如另一玄学代表阮籍曾说:

"六经以抑引为主,人性以从欲为欢,抑引则违其愿,从欲则得自然。然则自然之得,不由抑引之六经;全性之本,不须犯情之礼抑。故仁义务于理伪,非养真之要求;廉让生于争夺,非自然所出也。"

对"六经"采取一种批评态度,将"六经"等同于"名教",实由董仲舒开始,由魏晋玄学家所执着的自然主义精神,面临的恰恰是经由董仲舒改装过的儒学,"六经"受批评,名教遭贬抑也是很自然之事,他们甚至错误地认为"六经"没有表现出圣人的真性。

唐代的韩愈、李翱在解释"六经"及其他儒家经典方面有了一个转向。这种转向不管是归于他们的先天悟性，还是时势的机遇，反正他们的确对"六经"及其他儒家经典有了一个接近儒家精神的说法，或者不同于以往"传经"的方法与态度。

李翱说，性命之书虽然都存留完好，但没有学者能领悟明白它们的真正含义，因此才会陷于老庄之学、列子之学和佛教。而他自己要做的就是根据自己所知传承、发扬孔子的性命之道，所谓"开诚明之源，理其心，传之于人"。这样，李翱以"心性"解经别开生面，而且他所谓"经"，已不限"六经"，且包括《中庸》《大学》《论语》《孟子》。

以心性解经的方法，后来被宋代儒者如周敦颐、程颢、张九成、陆九渊等所继承。如邵雍说："先天之际，心法也。故图皆自中起，万化万事生于心。"张九成则表述出心性解经的较完整观念，在他看来，"六经"作为纸的存在，可以荡然无存；但"六经"中的精神，却并不因此而失去，这是典型的"得意而忘象"思路——"六经之书，焚燃无余，而出于人心者常在，则经非纸上语，乃人心中理耳。"

心学大师陆九渊讲得直截了当："学苟知本，六经皆我注脚。"非常明了，自唐韩愈、李翱以来，由心性诠释经书已经成了一股潮流，而且带有明显的由经书体悟先圣智慧，从而恢复淹没在无数书籍中的儒学之真精神的动机。但陆象山没有用更多的精力去研究：何以"六经皆我注脚"？何以"六经"《论》《孟》《庸》《学》仅明一旨？

正所谓"天降大任于斯人"，虽然杨简由陆象山承继了心学学统，但却是偶尔受到一次古训之启发，才确立以"心"立说的，所谓"杨公简，参象山学犹未大悟，忽读《孔丛子》至'心之精神是谓圣'一句，豁然顿解，自此酬酢门人，叙述碑经，讲说经文，未尝舍心以立说"。杨简不仅以"心"解释"六经"，也以"心"解释《论》《孟》《庸》《学》等所有他能接触到的儒学经典——

《易》——"易道不在远，在乎人心不放逸而已矣。"

《书》——"书"讲的是帝王用以治理天下的"德"，如克艰、舍己从人、养民三事、慎厥身修、兢兢业业等。在杨简看来，这些"德"所贯彻的精神也不过一心。

《诗》——"呜呼！三百篇皆一旨也，有能达是，则至正至善之心人所自有，喜怒哀乐无所不通，而非放逸邪辟，是谓寂然不动，感而遂通天下之故。"

《礼》——"礼乐无二道，吾心发于恭敬品节应酬文为者，人名之曰礼，其恭敬文为之间有和顺乐易之情，人名之曰乐。庸众生而执形动意，形不胜其多，意亦不胜其多，不知夫不执不动则大道清明广博，天地位其中，万物育其中，万事万理交错其中，形殊而体同，名殊而实同，而《乐记》谆谆言礼乐之异，分裂太甚，由乎其本心之未明。"

《春秋》——"《春秋》为明道而作，所以使天下后世知是者是道，非者非道，而诸儒作传胜异说，或以为尊王贱霸，或以为谨华夷之辨，或以为正名分，或以为诛心，凡此固《春秋》所有，然皆指其一端，大旨终不明白。"

《孝经》——"孔子曰：夫《孝经》天之经，地之义，民之行。此道通明无可疑者。人坚执其形，牢执其名而意始分裂不一矣。意虽不一，其实未始不一。人心无体，无所不通，无所限量。是故事亲之道，即事君事长之道，即慈幼之道，即应事接物之道，即天地生成之道，即日用四时之道，即鬼神之道。"

由《慈湖先生遗书》卷十到卷十五可以看到，杨简解释《论语》《孟子》《大学》《中庸》所阐明的都是心性之道，是先哲之旨，是先贤之生命智慧。因而杨简要求人们应从至善之心出发去领悟经书：

"善学易者，求诸己，不求诸书。古圣作易，凡可以开吾心之明而已，不求诸己而求诸书，其不明古圣之旨也甚矣！"

杨简之确立"心性"释经书之方法，开展以"心性"解经书之实践，显然可以视为唐代韩愈、李翱开始的"以心解释经书"思潮的逻辑结果，同时又是对两汉以来沉溺经书却不明其旨之现象的否定。杨简直指本心，所有经书不过是说明一个道理：人心本善。也由此，杨简通过解释经书打通了一己之心与古圣贤之心的隔阂，用一己之生命智慧呼应先哲之生命智慧。

此外，杨简以"心性"释经解典，异于玄学的自然主义方法，也异于邵雍的象数方法，与程颐、朱熹的义理方法似也有别，所以被认为自成一派：

"简为陆九渊弟子，故其说易，略象数，而谈心性，多入于禅，录成其书，是以佛理诂易，自斯人始，著经学别派之由也。"

"然其（杨简）一物一字一句，必斟酌去取，旁征远引，曲畅其说。其考核书，则自《说文》《尔雅》《释文》以及史传之音注，无不悉搜，其订征训诂，则自齐鲁毛韩以下，以至方言杂说，无不转引，自成一家之言。"

二、一体诸德之新路径

先儒如孔子、孟子提出了多项道德条目，如仁、义、礼、智、孝、悌、忠、信、恭、宽、惠、敏、温、良、俭、让等。在孔子那里，道德条目虽然繁多，其宗旨却只有一个，所谓"吾道一以贯之，忠恕而已"。但这并没有阻止后来的儒生扩增道德条目的努力，也没有阻止后来儒生对道德条目给予多种解释的企图。

贾谊将儒家道德范畴扩增到五十六对；董仲舒则将每个道德范畴都附比于自然现象，这就使人们拘泥于不胜其烦的道德条目，却忘记了道德条目所涵具的最深刻而又最浅显的"道"。用自然主义方法看道德的魏晋玄学家，虽然没有扩增道德范畴条目，但却采取一种虚无主义态度，将儒家道德规范视为"下德"："凡不能无为而为之者，下德也，仁义礼节是也。"这自然导引不出对道德条目一贯之旨的理解。

韩愈、李翱面临的不仅是使人眼花缭乱的道德范畴条目，同时面临着玄学对道德范畴不求甚解的贬抑；而佛教盛行，致使本来已模糊不清的道德范畴更加难以辨认，难以把握其真精神。韩愈承继董仲舒的"性三品"说，但他对于仁、礼、义、智、信的解释，却是较接近孔孟之真精神的：

"性之品有上、中、下。上焉者，善焉而已矣；中焉者，可导而上下也；下焉者，恶焉而已矣！其所以为性者五，曰仁曰礼曰义曰智曰信。上焉者之于五也，主于一而行于四；中焉者之于五也，一不少有焉则少反焉，其于四也混；下焉者之于五也，反于一而悖于四。"

这就是说，如果具备上品之德，就是主于一（仁）而行于四；如果具备中品之德，就是一不少有而四者混；如果具备下品之德，就是反于一而悖于四。其根本意义是，只有贯彻了"一"，才是上品之德，即至美至善之德。显然，韩愈关于"主一"为至德的论述是符合孔孟"夫道，一而矣"之教言的。

不在道德条目之外寻找意义，所有道德条目都是相互贯通而真切易行的道德品行。宋初思想家显然继承了这一努力方向。

程颢说，道就是性，如果到道外寻找性，或到性外寻找道，都是不可能的。圣贤所讲的天德，就是说每个人自己天然已具的完全自足的东西。因此，如果没有任何污垢或损坏，就应该直接实践它；如果有部分污垢或损坏，就应该以钦敬之心修治它，使它恢复到和原来一样。所以能恢复到原来一样，就是因为自己本质先天就是完善的东西。因此，"穷理尽性至于命"就是一件事情，所谓"穷理尽性以至于命，三事一时并了，元无次序，不可将穷理作知之事"。由程颢开始，扩增道德条目的行为被视为不能体会先圣之教之旨；歧出道德条目之含义的做法也受到儒生们的广泛关注，从而在气象上显出与孔孟先儒之生命智慧遥相呼应之态势。

心学创始人陆象山经过多年的思考与觉悟，认为所有千变万化的道德范畴、千姿万态的道德条目，不过此"心"，不过此"理"。他说："仁，即此心也，此理也……爱其亲者，此理也；敬其兄者，此理也；见孺子将入井而有怵惕恻隐之心者，此理也；可羞之事则羞之，可恶之事则恶之，此理也；是知其为是，非知其为非，此理也；宜辞而辞，宜逊而逊者，此理也；敬此理也，义亦此理也，内此理也，外亦此理也。"

这样，陆象山提出了"一道德"精要语，但他的"万理归一"似乎存在一些困境：

第一，在象山这里，"心""理"主次位还没有完全确定下来。

第二，对"万理归一"的道德意义并没有阐述清楚。

第三，对"心"的特质缺乏论证和说明。

看来，"精一之学"之振兴仍需后来者的努力。这样，杨简既有解开陆象山之蔽的义务，更有竟先生之绪的责任。杨简的确承担起了这个使命。他说：

"自孔子殁而大道不明，自曾子殁而道滋不明，孟子正矣而犹疏，荀卿勤矣而愈运。董仲舒号汉儒宗而曰道者所由适于治之路也，仁、义、礼、乐皆其具也，又曰仁、义、礼、智、信，五常之道，王者所当修饬也，王者修饬，故受天之佑，呜呼！异乎孔子之言道矣！自知道者观之，惟有嗟悯，而自汉以来，士大夫学说略同。孔子曰：谁能出不由户？何莫由斯道也，由户为喻尔，何莫由斯，正实无瑕，仲舒支离屈曲，不知仁、义、礼、乐乃道之异名，而以具言则离之矣！"

杨简显然将败坏儒学道术的责任归咎于董仲舒，之所以如此，在于董仲舒没有理解先儒道德精神；而自孔子死后至杨简，离道分德之现象愈演愈烈，先儒之精神渐至湮灭。杨简深感正本清源任务之重大之紧迫。他的确在这方面施展了自己的才华，作出了艰苦努力。他说：

"曰道、曰仁、曰义、曰礼、曰乐，悉而数之，奚有穷尽？所谓道者，圣人特将以言夫人所共由无所不通之妙，故假借道路之名以名之，非有其体可执也。所谓德者，特以言夫直心而行者，亦非有实体之可执也。仁者，知觉之称，疾者以四体不觉为不仁。所谓仁者，何思何虑，此心虚明，如日月之照尔，亦非有实体也；礼者，特理而不乱之名；乐者，特和乐而不淫之名。以是观上数名者，则不为名所惑，不为名所惑，则上数名者乃所以发明本无名言之妙，而非有数者之异也。"

由这个解释可以看出，所谓"万理归一""诸般道德归一"，其根本含义是：

第一，诸道德条目不过是对应某项道德品质的符号。

第二，这种符号是虚明无体的。

第三，虚明无体所以能贯注本善、本神、本灵也是无体的"心"。

因此，人应该自觉去体认这种"归一"，把握这种"归一"，只有这样，才能尽一己之善，成一己之德，也才能领悟"日用庸常是谓教"的真切内涵。

杨简反复强调"一道德"之教，不仅出于"续往圣之绝学"的学术追求，更主要的是，他希望由此呼唤出先验地存于芸芸众生之心中的善性善德，将这种善性光辉播撒到忿欲纷乱、是非难一的人间。

从哲学上讲，杨简努力于由道德的形上意义开出道德的世俗意义来。杨简"一道德"的努力，是"心性"解经的延伸与深化，将"经典"一统于"心"意义落实到千万个道德条目共同精神的提炼，从而创发出心学的独特道德模式。这一模式秉承了先儒生命智慧，是杨简之生命智慧与先儒生命智慧之呼应的结果。而"一心以贯之"的道德觉悟，宣告了孔子之后道德条目无限扩大、道德范畴解释含义频出倾向的结束。杨简"一道德"由此获得了特殊的学理价值。正所谓"简出陆九渊之门，故所注多牵合圣言，抒发心学。然秦汉以来，百家诡诞之谈，往往依托孔子。简能刊削伪安，归于醇正，异同舛互，也多所厘订，其搜罗澄汰之功，也未可没焉"。

三、心性学说之新开展

由心性解儒学经典的学术旨趣和"一道德"的方法追求,可以感觉到杨简建构意义世界的努力。但他也遇到了本体与方法不一致的矛盾。这种矛盾在儒学发展史上也是由来已久。

孟子认为,人性本善,寡欲是保存善性的前提。所谓"养心莫善于寡欲"。既然是"寡欲",那么,"欲"的存在在一定限度上被肯定,"欲"之限度要么靠道德自律,要么靠制度约束。这与性本善学说出现了矛盾,用杨简的话说是因为孟子心性论含有"裂心性为二"之企图。

董仲舒的解答显得粗暴简单,他将人性分为三品,并认为只有中品的性才是可以教化的。他这种做法第一个错误在于缩小了善性存在的范围——上品之性;从而也缩小了通过善性教化的范围——中品之性。董仲舒甚至将性与善分别开来,从而倡导他的帝王教化。人性不善,自然不可提出从心性上解决"恶"的方法,因而董子只能提出一系列的道德规范。这与先儒的性本善学说相距甚远。董仲舒性三品说虽然在规范人的行为方面起到了特定作用,但由于他不是从形上意义去解释人性问题,他甚至没有意识到人之本性与本性之外在表现如何沟通的问题。

晚董仲舒数百年的玄学家王弼似乎意识到这一问题。他继承了在荀子、董仲舒思想中曾出现过的"情"的概念,并认为"情"应由"性"来规定,这样才能获得"情"之正,这隐含着王弼对性善论的坚持——"不性其情,焉能久行其正?此是情之正也。若心好流荡失真,此是情之邪也。若以情近性,故云性其情。情近性者,仅妨是有欲!"

神童王弼确实是慧眼睿识,他在"欲"与"性"之间架了一个桥梁:"情"。这一架设意味着去恶存性的工作只关注"情"即可。这一思路在唐代儒生李翱那里得到继承和发挥。

李翱说："性与情不相无也。虽然，无性则情无所生矣。是情由性而生，情不自情，因性而情，性不自性，由情以明。"

这就是说，性与情有一种"体用式"相互依赖关系，这种关系具体表现在，性是情的基础，有性则必然生情；性不能自己彰显于外，借助情才能显现自己的灵性与光辉。然而谈到复性时，李翱却主张不能生情，只有不生情，才为正思，才可复性。他说："弗虑弗思，情则不生。情既不生，乃为正思。正者，无虑无思也。"

李翱希望将恶欲克抑于"情"中，但又言情性无相离，这实际上反映出李翱虽然意识到"情"之设置对保护"性"的特殊意义，却没有认识到"情"之生也可能带来丧失"性"的危险（因为"情"已经是现实状态）。李翱似乎意识到这一问题，因此他又主张"弗虑弗思"。实际上，李翱这里有一个根本的问题没有解决：即心本善，并且心本善之彰显乃是心体自我行为，并非借助一种媒介来体现自我之"善"；但这种"善"却有被遮蔽的可能，之所以被遮蔽，当由于声、色、名、利，然而如果要克倒千万个声、色、名、利，那不仅是不可能的，反而疲于应付，劳而无功，"情"本身是一种欲的表现，所谓惧、喜、哀、乐，甚至是克倒的对象，这就规定了"情"无法完成本善由形上到形下、由理想到世俗的任务。但很显然，在本体与现实之间架设一座桥梁及"弗虑弗思"去蔽方法的提出却启发了其后的儒生。

心学大师陆象山显然意识到了李翱提出的"情"在处理善性与恶行问题上的矛盾。他独言此心至善、至神、至灵，无须外求，圆融无碍，无须借助中介以彰显自我之"善"。他说："苟此心之存，则此理自明，当恻隐自恻隐，当羞恶，当辞逊，是非在前，自能辨之。"

但象山并没有根据他这种"善体自现"的思路去解释现世恶欲的问题。他知道欲多会导致吾心之害，但剥落之方法却显得与其心学本体相矛盾。他说："夫所以害吾心之存者，何也？

欲也。欲多，则心之存者必寡；欲寡，则心之存者必多，……欲去，则心自存矣。"如何去欲？象山的方法显得拙劣，显得与其心学本体绝不协调："人心有病，须是剥落。剥落得一番即一番清明，后随起来又剥落，又清明，须是剥落得净尽方是。"

很难说象山之"剥落"与朱子之"格物"有什么本质差别，象山在本体之善与存在之恶的问题上存在既不能接受"性情"说，又苦于找不到一个与其本体精神一致的"工夫"之困境，这个"工夫"虽然并不需要具有彰显心体善性的功能，却要求有保持心性之善并除掉恶欲之功能，也就是说，这个"工夫"本身既不能是"实体"，也不能是"工具"。

杨简特别领悟了万物一心、心性本善、善性自显的教导，所谓"象山说颜子克己之学，非如常人克去一切忿欲利害之私，盖欲于意念所起处将来克去，故慈湖以不起意为宗，是师门之传也"。不管这种说法有多少参考价值，但杨简在处理心学中的善本体与现世恶之关系并试图消灭现世之恶方面，比乃师陆象山更具胆识与才华。

杨简说："人心至灵至神，虚明无体，如日如鉴，万物毕照，故日用平常不假思为，靡不中节，是为大道。微动意焉，为非为假，始失其性。""起意"才使心失其善失其光明，那么这种"意"究竟是个什么东西呢？杨简说："微起焉皆谓之意，微止焉亦皆谓之意……心与意奚辨？是二者未始不一，蔽者自不一。一则为心，二则为意；直则为心，支则为意；通则为心，阻则为意。"如此看来，"意"是一种心理状态，这种心理状态之出现，便与"心"为二，便是支而不直，便是阻而不通。因此，"意"之抑制使之不起便可维护本心之善，便可灭去人间一切之恶，便可保善心之通万物，因而要"绝意""毋意"。所谓"孟子明心、孔子毋意，意毋则此心明矣"！

由杨简对"意"之论述可以看出，"毋意"与"一道德"、与"以心性释经典"是高度一致的，因为不以"心"释经，不言诸般道德条目为一，则就是"支"了、"曲"了、"二"了，一句话，"意"了！

"意"与"情"不同，它仅是一种心理状态，没有任何感性表现形式，不能用知识的或逻辑的方法去捕捉它。它静止时与心为一，但"意"有"起"的可能性，而"意起"实际上是声、色、利、欲、名的诱惑，这样就通过"意"把形上之善与形下之恶连接起来，并通过"毋意""绝意"的方法，去除声、色、利、欲、名的诱惑与侵害，保护"心"之善性。

"意"范畴的引入，与心学本体论保持了一致，同时也为区别本有之善与现世之恶找到了根据，并解释了性善与现世之恶存在的理论矛盾。"意"概念之确立非但对心学、儒学，即便对中国哲学都是一个特别的贡献。

我们在明朝心学大师王阳明思想中发现，"意"成为其道德哲学体系中的一个基本范畴——"指心之发动处谓之意，指意之灵明处谓之知，指意之涉着处谓之物，只是一件。"这就是所谓："（杨简）虽言不尽意，而意岂外言哉？吾明王文成公良知一派，固毋起意鼓吹也，称慈湖见解已晤无声无臭之妙。"

四、端于生命的人文关怀

如上所展示的是杨简思想的学术意义，以下我们简要地提示一下杨简思想的现实价值。

人所共知，20 世纪是科学主义、经济主义、物质主义盛行的世纪，伴随这些"主义"的全球化，人类遭遇到了越来越严重的生态危机。这种危机主要表现在两个层面。

一是人类"正常"地应用科学、追求利益所导致的危机。比如，居家饮食所导致的温室效应；开掘资源所导致的能源短缺；工业生产所导致的大气污染等。

二是人类"失常"地应用科学、追求利益所导致的危机。比如，建造现代厂房而进行的乱砍滥伐；对矿产资源的肆意开采；工业污水废气的盲目排放等。

如上两大危机已经直接而严重地影响到人类的生活质量甚至人类的生存条件。

尽管各个领域的专家乃至世界各种组织都密切关注这一问题并采取了一系列措施，但这一问题似乎没有得到有效的遏制。

在这个"科学"难以驾驭"科学"的时代，"利益"成了人类第一嗜好，逼使我们寻找其他更有效的办法和智慧。一般而言，追求利益对于人类而言是可以理解的，而应用科学追求利益是现代社会中的人追求利益的基本手段之一。科学技术用得好，是人们提高物质生活的一种手段，也是美化生活环境的一种途径；用得不好，非但不能提高生活质量，反而危及人类的生存。

然而，科学技术说到底不过是人与自然之间的中介，也就是说，科学技术之所以产生各种负面影响，乃是人类缺乏把握好应用科学技术的意识，缺乏由这种把握而提升的人与宇宙为一体的意义。

在这方面，杨简思想中的确有可以提供给我们参考的智慧。杨简认为，人都喜好将一己六尺之躯与宇宙隔开，并且视自己为万物之灵而骄傲自大、为所欲为。但实际上，人与宇宙本是一体的，因此也可以说宇宙的灾难实际上也就是人的灾难。杨简说：

"吾之血气形骸乃清浊阴阳之气合而成之者也，吾未见夫天与地与人之有三也。三者形也，一者性也，亦曰道也，又曰易也，名言不同而其实一体也。"

这就是说，人的肉体乃由宇宙中的"气"组合而成，因此，天、地、人三才名异而实同，它们是有机的、生命的一体。既然人与自然是一个整体，人为宇宙之一"气"，那么对大自然的损害，当然是对人类自身的损害，人类有什么理由去破坏自然呢？可见，由于人类缺乏这种"天人一体"的终极观念，才会不断糟蹋自己而不知不觉。

因此，理解并把握了天、地、人一体的道理，人类才能在面对宇宙自然遭受各种破坏时而产生发自内心的震撼与焦虑；也才能确立人在应用科学技术追求利益的同时以维护宇宙之和谐为急为重的终极关怀观念；也才能让人类深刻检讨他们日夜汲汲于物质利益行为。这样，人类回荡在大宇宙中的欢笑才可持久。

经济主义是资本主义的基本特征，由于早期资本主义时期"宗教冲动力"（禁欲、苦行、勤俭）成为经济行为的主要精神，造成了资产者精打细算、兢兢业业的经营风范，其经济行为也很有伦理风貌。随着资本主义的发展，"经济冲动力"（贪婪、掠取、挥霍）渐渐成为主导精神，而"宗教冲动力"日益式微。在西方，经济主义在增加社会财富，推动经济发展的同时，也将人们带进了欲望之海。股票的高额利润强烈地刺激着人们求利的欲望；分期付款的消费方式助长了享乐主义蔓延；银行贷款则创造了追求私利的机会。

20世纪以来，后发展国家大有重蹈甚至已蹈发达资本主义国家足迹的趋势。就当前的中国而言，尽管经济主义对国家经济实力的增长、人民生活水平的改善起到了重大作用；但唯利是图、权力崇拜、精神亏缺、道德沦丧现象极为严重，社会的伦理基础摇摇欲坠，逐名、逐利、逐声、逐色已使许多人成了"非人"。

如何让人的欲望限制在合理的范围之内，而又不影响经济的发展，光靠法制似乎仍解决不了问题。西方的法制极为健全，但它们仍然困扰在经济主义所滋生的各种社会病态中。因而从人性方面寻找解决的办法，便成了另一种尝试。

杨简认为，每个人先天具有"道心"，这个"道心"是人之为人根本规定，因此，每个人都应该有对善根的信念和行善的自觉。

因此，在通常的情境下，每个人都有义务将这个"道心"

加以扩充、加以彰显，不仅使自己的言行充满善性，而且要"己欲立而立人，己欲达而达人"，使社会中的其他人受其影响，将自己的善性焕发出光彩来。

而在特殊情境下，即在利、欲、声、色诱惑下，能够贞定"道心"在我，想到的不是感性的享受，名利的诱惑，而是德性的愉悦，从而将利、欲、声、色拒之千里之外。

所以，每个人对"心本善"要有自信，不要放弃，不要怀疑，这样就可以自然地具备所有的善，自然地绝弃所有的恶念，不需要思为，就能照彻万物万事，不会有任何遗漏。

杨简不厌其烦地陈述"道心在我"，核心就在于提醒每个人对"道心"的觉悟，从而根据这种先天的"善"去处理人与社会、人与利益、人与自身之间的关系。

杨简指出，人与宇宙一体，如果汲汲于一己之私、一己之名，这就是将人与宇宙隔开。人应以宇宙之胸怀来观一己之生命，牢牢将一己的价值确立在终极的根源上。

杨简指出，杨朱"拔一毛利天下不为"的小己观念，不是把天地万物万化万理当作自己看待，而是将自己的全体分裂成无数细小的肉块和肌肤，这是拘梏于血气而自私自小的表现，是坐井观天，不知道天地的浩瀚。

也就是说，自私自利之人，正是不知道自己的人性本质在哪里，不知道人与群为"一"，不知道小己与宇宙为"一"，才会在生活中、在职务上只想到自己，只想到自我的肉体，只想到自我的欲望，只想到自我的利益。

相反，如果人一旦觉悟了自己本有的善性，一旦觉悟了一己与宇宙为一体的道理，继而从这个高度把握小我的生命，那么，他就可以超越小我而成就大我，他就不会为名利所俘虏，从而能在名利面前无动于衷，视如无视，听如无听。

正是因为有了这种"道心在我"的信念，杨简才能说出"吾敢以赤子膏血自肥乎"这样振聋发聩的话。让我们感到极度失望的是，当今社会中的某些官员，整天乐此不疲地以"人爵"（公卿大夫）追求"天爵"（仁义忠信），完全沉迷于自恋、自私之中，自甘堕落，我们多么希望他们能从杨简这里获得一点对良知的觉悟啊！

我们阅读杨简，也想读读他的"绯闻"，也想读读他的"八卦"。然而，杨简所展示给我们的，是疾恶如仇的凛然正气，是谋公不私的崇高品质，是阐发圣学的不息精神，是体恤民生的深切情怀，这些，也许是比"绯闻"或"八卦"更需要我们去阅读和感悟的东西……

附 录

年 谱

1148年（宋绍兴十八年）　进"小学"读书。

1161年（绍兴三十一年）　入太学读书，每次考试名列榜首。

1169年（乾道五年）　举进士，同时任富阳主簿。

1172年（乾道八年）　访陆九渊于行都，向陆氏求教，并拜其为师。

1174年（淳熙元年）　有尤朴茂者求学于杨简。杨母臧氏卒，离官。

1176年（淳熙三年）　任绍兴府狱监司理，秉公执法。

1181年（淳熙八年）　丞相史浩荐薛叔似、杨简、陆九渊等十五人为都堂审察。

1182年（淳熙九年）　朱熹夸杨简的学识，认为杨简是四明之士可与之游的四人（吕子约、沈叔晦及袁和叔）之一。

1183年（淳熙十年）　陆九渊访杨简于临安。

1184年（淳熙十一年）　任浙西抚属，统领三将兵，行诸葛恩信，正兵法，军政大修。

1185年（淳熙十二年）　创其莫能名斋于宝莲山。

1187年（淳熙十四年）　叶适荐陈传良、杨简等三十四人给丞相，待召用。

1188年（淳熙十五年）　改知县，未就任。杨简父杨庭显卒。

1192年（绍熙三年）　任乐平知县，并设坛讲学，整治乐平盗抢之风，修乐平社坛。

1193年（绍熙四年）　撰《二陆先生祠堂记》，裘万倾拜杨简为道德师，撰祖象山辞、祭象山文。

1194年（绍熙五年）　撰《象山先生行状》，册订《己易》一书。诏为国子博士。

1195年（庆元元年）　因支持丞相赵汝愚被罢。

1196年（庆元二年）　为伪学风盛，有张渭叔求学，杨简教之以"心之

151

精神即谓圣"。为"磬斋"作记。撰《东山赋》。

1197年（庆元三年）　取曾子书，参古本而释其疑义，并撰《曾子序》《春秋祀董孝君辞》。

1200年（庆元六年）　主管崇道观。再任朝奉郎。

1203年（嘉泰三年）　筑室德润湖上。并建杨简馆，讲学于此。撰《先圣大训》。

1204年（嘉泰四年）　受沈文彪之邀，讲学于亭馆。受赐绯衣银鱼朝散郎。罢主管仙都观。

1205年（开禧元年）　为《象山集》作序。

1206年（开禧二年）　撰写《孙委和圹志》。

1208年（嘉定元年）　授秘书郎、朝请郎、著作佐郎、兵部郎官等职。

1209年（嘉定二年）　撰《着庭记》。上书《旱蝗根本近在人心》撰《昭融记》《参前记》。访违庵并为之记。

1210年（嘉定三年）　任国史编修与实录院检讨官。罢妓籍、敬贤士。撰《乡记序》《永堂春记》。

1211年（嘉定四年）　修温州社稷祭坛，撰《半亭高祖墓记》《劝农文》等文，撰《永嘉郡治更堂亭名记》《永嘉郡学永堂记》。

1212年（嘉定五年）　在温州为官廉俭菲薄，深得人心。

1213年（嘉定六年）　迁军器监，兼工部郎官转朝奉大夫；又迁将作监兼国史院编修官，兼实录院检讨官。

1214年（嘉定七年）　转朝散大夫，主管成都玉局观。

1218年（嘉定十一年）　为叶祐之之母张氏撰墓志铭。撰写《临安府记》。

1219年（嘉定十二年）　升直宝文阁，主管明道宫。撰写《敬止记》。

1221年（嘉定十四年）　任秘阁修撰，主管绍兴千秋鸿禧观。题《纯德朝额》。

1222年（嘉定十五年）　授朝请大夫，右文殿修撰，主管南京鸿庆宫，授赐紫衣金鱼。

1223年（嘉定十六年）　进宝谟阁待制。提举鸿庆宫，赐金带。

1224年（嘉定十七年）　任宝谟阁直学士，赐金带。史忠定之孙子仁请杨简讲学。

1225年（宝庆元年）　朝廷召见，杨简以病辞。

1226年（宝庆二年）　授敷文阁直学士，提举鸿庆宫太中大夫。是年三月卒，赠"正奉大夫"，封爵杨简慈溪县男。

主要著作

1. 《慈湖先生遗书》，齐鲁书社，1991 年。
2. 《先圣大训》，《丛书集成续编》本，上海书店出版社，1994 年。
3. 《杨氏易传》，上海古籍出版社，1990 年。
4. 《慈湖诗传》，台湾商务印书馆，1983 年。
5. 《五诰解》，文渊阁《四库全书》本，台湾商务印书馆，1986 年。
6. 《慈湖小集》，文渊阁《四库全书》本，台湾商务印书馆，1986 年。
7. 《石鱼偶记》，《丛书集成续编》本，上海书店出版社，1994 年。

参考书目

1. 〔清〕黄宗羲：《宋元学案》（全四册），中华书局，1986 年。
2. 〔清〕黄宗羲：《明儒学案》，中华书局，2008 年。
3. 〔元〕脱脱：《宋史》，中华书局，1977 年。
4. 《陆九渊集》，中华书局，1982 年。
5. 《王阳明全集》（上、下），上海古籍出版社，1992 年。
6. 杨伯峻译注：《论语译注》，中华书局，1980 年。
7. 杨伯峻译注：《孟子译注》，中华书局，1984 年。
8. 钱穆：《中国学术思想史论丛》（卷四），安徽教育出版社，2004 年。
9. 钱穆：《朱子学提纲》，生活·读书·新知三联书店，2002 年。
10. 牟宗三：《心体与性体》（上、中、下），上海古籍出版社，1999 年。
11. 牟宗三：《从陆象山到刘蕺山》，上海古籍出版社，2007 年。
12. 余英时：《朱熹的历史世界》（上、下），生活·读书·新知三联书店，2004 年。
13. 张立文：《走向心学之路——陆象山思想的足迹》，中华书局，1993 年。
14. 陈钟凡：《两宋思想评述》，东方出版社，1987 年。
15. 曾春海：《陆象山》，东大图书公司，1988 年。
16. 乔清举：《湛若水哲学思想研究》，文津出版社，1993 年。
17. 熊琬：《宋代理学与佛学之探讨》，文津出版社，1980 年。
18. 李之鉴：《陆九渊哲学思想研究》，河南人民出版社，1994 年。

19. 高全喜：《理心之间——朱熹和陆九渊的理学》，生活·读书·新知三联书店，1992年。

20. 崔大华：《南宋陆学》，中国社会科学出版社，1984年。

21. 冯达文：《宋明新儒学略论》，广东人民出版社，1998年。

22. 蒙培元：《理学范畴系统》，人民出版社，1989年。

23. 祁润兴：《陆九渊评传》，南京大学出版社，1998年。

24. 张君劢：《新儒家思想史》，中国人民大学出版社，2006年。

25. 张怀承等：《心》，中国人民大学出版社，1996年。